星野リゾートの
おもてなしデザイン

日経BP社

はじめに●
日本流で世界を目指す

日本のリゾート業界で異彩を放つ星野リゾート。経営に行き詰まったりした旅館やリゾート施設の運営を請け負い、さまざまな工夫で事業を再生させてきた。「リゾート運営の達人」と呼ばれるゆえんだ。手がける拠点数は2018年には38カ所、大阪でも都市型観光ホテルを2022年に開業する計画だ。取扱高（星野リゾートの売上高ではなく、運営施設の収入の合計）は東日本大震災があった2011年を除いて毎年伸びており、2017年は509億円に達した。

　星野リゾートには「星のや」「界」「リゾナーレ」「OMO」という4つのブランドがある。星のやは日本発のラグジュアリーなリゾート。界は現代の快適さを備えた温泉旅館。リゾナーレはアクティビティーを重視したスタイリッシュなリゾートだ。そしてOMOは2018年に新たに誕生した都市観光型ホテル。このほかにも個性的な宿泊施設、日帰り利用施設を全国で運営している。

　さまざまなタイプの施設を抱えながら、星野リゾートの客室稼働率は平均80％に達するという。観光庁の調査によると2017年の旅館の客室稼働率（速報値）は38.1％、リゾートホテルは57.8％に過ぎない。星野リゾートの水準がいかに高いかが分かる。

　一度は経営に行き詰ったりした旅館やリゾートを、なぜ再生できるのか。そこに、星野リゾート流のノウハウがある。ハードとソフト両面のおもてなしをデザインし、それを裏から支える効率的な運営システムを構築したからこそ、再びお客を呼び寄せることができるのだ。

　星野リゾートのおもてなしを見るとき、注目すべきポイントは

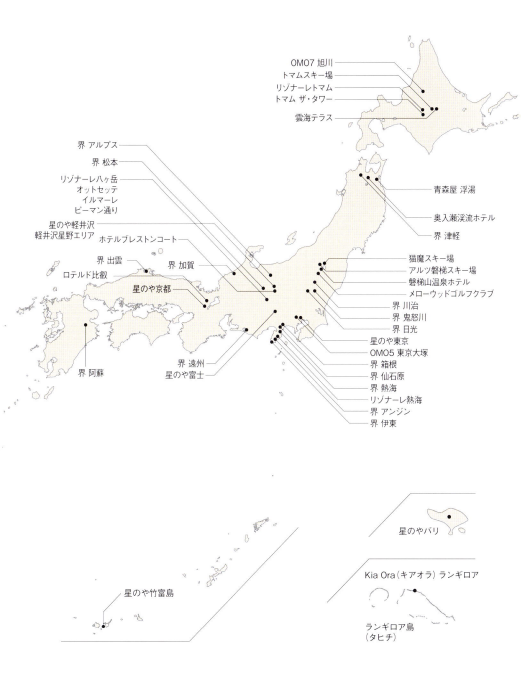

星のや	界

日本発のラグジュアリーリゾート	現代の快適さを備えた温泉旅館

　ソフト面だろう。もちろん「星のや東京」をはじめとするラグジュアリーなリゾートの建築やインテリアなど、ハード面にも目を見張るものがある。しかし、同社が運営を開始した施設は、投資余力の問題からすぐに大規模なリニューアルを実施できないことも多い。それでも客数が伸び、事業が好転し始めるのは、接客サービスをはじめとするソフト面の力が大いにモノを言っているからだ。

　星野リゾートを支えるソフト面には3つの特徴がある。それが「日本旅館メソッド」「マルチタスク」「フラッな組織文化」だ。

　日本旅館メソッドとは、迎える側がさまざまな趣向を凝らし、お客はそれを楽しみにして宿を訪れるという日本の旅館文化をベースにした考え方であり、もてなし方を指す。具体的には、その土地ならではの魅力を発見し、磨き上げ、お客に提供するという取り組みだ。星野リゾートはあらゆる拠点でこの考え方を徹底している。

リゾナーレ　　　　　　　　　ＯＭＯ

スタイリッシュなリゾートホテル　　　　旅のテンションを上げる都市観光ホテル

　こうしたおもてなしを支えるのがマルチタスクだ。魅力的なもてなしをしようとしても、コストが掛かり過ぎては経営は立ち行かない。そこで星野リゾートは各スタッフがフロントや客室清掃、レストランサービスなどさまざまな業務をこなせるように教育する。1人で何役もこなすことで効率を上げ、その分をプラスアルファの魅力づくり＝おもてなしに振り向けるのだ。

　星野リゾート独特のフラットな組織文化が、マルチタスクに取り組むモチベーションを生んでいる。例えば、星野リゾートでは各拠点で地元の魅力を発見する「魅力会議」が定期的に開かれるが、そこでは入社履歴や職位に関係なく対等な関係の中で議論し、自由に発言できる。

　こうしたソフト面の仕組みこそ、星野リゾートのおもてなしデザインの肝だろう。その強みは、日本国内だけでなく、すでに海外でもテスト中だ。日本のおもてなしが、いよいよ海外にも輸出されようとしている。

はじめに 日本流で世界を目指す ……………………………………… 2

1章 OMO …………………………………………………………… 11

OMO＆OMOレンジャー
「観光」を切り口に新たな都市型ホテルを"創造" ……………………… 14

OMO5 東京大塚
空間デザインにより広く感じ、快適な客室
星野・OMOの「本気」に地元と行政も動く ………………………… 26

インタビュー
和のテイストを生かした都市型ホテル …………………………… 40
佐々木達郎　佐々木達郎建築設計事務所 代表取締役

OMO7 旭川
星野流で老舗ホテルのスタッフを意識改革
「街とつながる」コンセプトの根幹を引き出す ……………………… 44

開業直後のOMO
「世の中になかったサービス」を伝えていく力が問われている ………… 58

インタビュー
都市型でファン層を広げ、スケールメリットを狙う …………………… 62
星野佳路　星野リゾート 代表

2章 星のや …………………………………………………………… 67

星のや東京　世界の都市で通用する日本旅館 ……………………… 70

星のや富士　アクティブなアウトドア体験を楽しむ拠点 ……………… 86

星のやバリ　星野流マルチタスクは海外でも有効 …………………… 102

インタビュー
西洋に媚びない現代の日本らしさとは何かを考えたデザイン ………… 112
東 利恵　東環境・建築研究所 建築家／代表取締役

インタビュー
大きな風景全体が地域の魅力を高めていければいい ………………… 122
長谷川浩己　オンサイト計画設計事務所 代表取締役

8

| 3章 | 界 | 133 |

界 加賀　従業員のマルチタスクが支えるおもてなし　136

界 松本　地元の魅力を徹底的に磨き続ける温泉旅館　150

界 アルプス　"ぜいたくな田舎"を魅力的な体験に　160

| 4章 | リゾナーレ | 175 |

リゾナーレトマム　雲海テラスに続くファーム構想とは？　178

リゾナーレ八ヶ岳　大人のワインリゾートへ、地元と共存共栄　194

インタビュー
豊かなエクスペリエンスこそ大事　204
Astrid Klein　クライン ダイサム アーキテクツ代表
久山幸成　クライン ダイサム アーキテクツ
Mark Dytham　クライン ダイサム アーキテクツ代表

| 5章 | そのほかの個性的な宿 | 215 |

青森屋　アイデアを生む「魅力会議」で成長し続ける宿　218

ロテルド比叡　京都を捨て、再発見した地域の魅力　232

| 6章 | 総支配人座談会 | 253 |

「好きなものを伝えたい」が原動力　256

10

1章

OMO

＊　(写真：ナカサ＆パートナーズ)

星野リゾート第4のブランド「OMO」
都市観光ホテルの新しいカタチを
星野流にデザインした

OMO＆OMOレンジャー
「観光」を切り口に
新たな都市型ホテルを"創造"

　東京・JR山手線の大塚駅前、家路を急ぐ人々で混雑する午後6時。30代前後の男女5人が顔を合わせ、一瞬何やら決めポーズを取ったかと思いきや、夜のとばりを破るほどきらびやかなネオン街に、それぞれが消えた。

　1人の男性に付いていく。まずは、50種類以上の具をそろえるおにぎり専門店に入って腹ごしらえ。行列待ちも出る人気店だけに、店主は難しそうな顔で手を忙しく動かしていたものの、その青年の顔を見るや顔を綻ばせ、新たに開発したおにぎりの具の説明を始めた。

　次に向かったのが老夫婦二人で営む天ぷら店。小さな店だが、50年以上も地元民の胃袋を満たしてきた誇りが、揚げ音から届く。老夫婦は、カウンター越しに目を細めつつ青年に大塚の歴史を問わず語りに話し出した。

　胃袋が満たされたところでスナックへ。30人は優に入れそうだが、年配客で空席はほとんどなかった。青年はここでも顔見知りらしく、そこかしこの酔客から声がかかる。

　大塚の夜の街を、自分の庭のように歩き尽くすこの青年はいったい誰か。彼だけではない。大塚駅に集まった他の4人も、飲食店をはしごしていた。

独創的な「櫓寝台」。上段がベッド、下はリビングスペース。畳敷きなので有効スペースは思いのほか広い

彼らの名は「OMOレンジャー」。

星野リゾートが、「星のや」「界」「リゾナーレ」に続く第4のブランドとして、値頃な都市観光ホテルの「OMO」を立ち上げた。都市部にありながらビジネス客を狙わず、観光に特化した宿泊施設として従来のビジネスホテルとの差別化を図る。

OMOレンジャーは、観光ガイドに載っていないような地元のディープな店を探し出し、宿泊客を街に連れ出すのが役目。お客と街をつなぐ「Go-KINJO」と呼ぶ新サービスこそ、OMOのソフト面の要となる存在であり、既存のビジネスホテルでは持ち得ない武器でもある。

2018年4月28日、まずオープンしたのは、北海道旭川市の旭川グランドホテルをリブランドした「OMO7 旭川」。続いて、5月9日には、東京都豊島区に「OMO5 東京大塚」を新規開業した。

これまでリゾート運営で手腕を発揮してきた星野リゾートがなぜ今、都市観光ホテルの運営に乗り出すことになったのか。きっかけは2014年に遡る。

同社が運営する長野県・浅間温泉の「界 松本」は稼働率が良かったが、温泉街自体の集客はがくんと落ちていた。原因を調べてみると、浅間温泉に来る観光客は松本市内に宿泊するケースが多いことが判明。一歩踏み込み、全国都市部のビジネスホテルの宿泊を詳細に調査すると、その6割がビジネス客ではなく、観光客であることが分かった。また、ホテルの設備や料金などには不満はないものの、ビジネスホテル特有の素っ気なさに「旅のテンションが下がる」という声が多く寄せられた。

OMOブランドコンセプト

寝るだけでは終わらせない、旅のテンションを上げる都市観光ホテル

旅先をまるごと楽しむディープなご近所の魅力と、お茶目な仕掛け満載のホテルステイが、旅のテンションを盛り上げる

OMO5 東京大塚のOMOレンジャーの面々。他の都市型ホテルにはない独自のサービスでOMOブランドの差別化を図る

OMOレンジャーにはそれぞれ役割があり、赤レンジャーははしご酒、黄色は昭和レトログルメ、青が大塚のニューグルメ、紫がナイトカルチャー、緑は大塚散歩。散歩（無料）以外は2時間1000円で案内する

観光の仕掛けは星野リゾートの得意分野。新たな鉱脈を見つけた思いだった。星野佳路・代表が当時を振り返る。

　「観光客だけのことを考えた場合、都市型ホテルはどう変わることができるのか、とみんなが考え始めました」

　社内で議論を続け、旅の質を上げるためには泊まるだけのホテルでは物足りないという理由から、こんなブランドコンセプトに着地。

　「寝るだけでは終わらせない、旅のテンションを上げる都市観光ホテル」

　OMOの後の番号は、オープンの順番ではなく、設備やレストラン、宴会場の有無など同社の規定に従い0〜9に区分けされる。OMOにはそれだけ自由度を持たせた、と語るのは同社OMOマーケティングの阿部裕ユニットディレクターだ。

　「『OMO（おも）』の意味も、おもてなし、趣、面白いなど捉え方はさまざま。今後、OMOは全国展開していく予定ですが、コンセプトから外れさえしなければ、各地の特色を生かしたほうがいい。言うなれば、宿ではなく旅を売るホテルです」

　地方都市でどれだけ地元の魅力が見つけ出せるか。OMOレンジャーの探検魂が、ブランド成長のカギを握っている。

左／ナイトカルチャーを担当する野部洋平氏
右／「日本酒が大好き」と言うOMOレンジャーのリーダー竹田紫野氏

新しい店を探し、OMOレンジャーは大塚の飲食店街を巡る

行列のできるおにぎり専門店「ぼんご」

元寿司職人だった店主が握るおにぎりは硬さが絶妙

開業50年という店主から大塚の情報を聞き取る野部氏

季節を彩った天ぷら。地元民ばかりでなく、埼玉県方面からの来店も

地元の人たちに人気のスナックでもOMOレンジャーは顔なじみ

(＊以外の写真：丸毛 透)

OMO5 東京大塚

空間デザインにより広く感じ、快適な客室
星野・OMOの「本気」に地元と行政も動く

　山手線と都電荒川線が交差する大塚駅。ターミナル駅・池袋の隣駅にもかかわらず印象が薄い。だが一旦降りると、南口、北口ともにこぢんまりした店が軒を連ね、多くの繁華街にある飲食チェーン店の看板が少ない。東京の一等地といわれる山手線沿線で、昭和の面影を色濃く残しているのは大塚ぐらいだろう。

　そんな時代に取り残されたような街が大きく変わろうとしている。駅北口徒歩1分の場所に星野リゾートが運営するOMO5東京大塚がお目見えする。

　地上13階建てで125室。ほぼ全室が定員3人の19㎡だが、櫓（やぐら）風に空間がデザインされているため、それほど狭さは感じない。靴を脱いで部屋に入り、畳が敷かれたソファーでくつろぎ、階段を上ったところにロフトのような櫓寝台がある。階段の下は荷物置き場。浴室とトイレは別々で、浴室には洗い場も備わり、和のテイストがふんだんに盛り込まれている。手掛けたのは、「星のや 東京」などのデザインチームの一員でもあった建築家の佐々木達郎氏。

　「星野代表からは"2段ベッド"というお題をもらった。室内を3次元的にデザインしてほしいという意図だと理解し、櫓をコンセプトにしました」

櫓寝台の上段がベッドスペース。シングルベッドが2つ並ぶ。天井までの高さこそ低いが、広さは十分だ（写真：ナカサ＆パートナーズ）

大塚は、戦後すぐ居を構えた小規模地権者が多いため、地域の再開発がなかなか進まず、駐車場が虫食い状態で存在していた。駅前に土地を所有していた山口不動産の武藤浩司・常務は、都市型ホテルを建設すれば、街が変わるかもしれないと考えた。

　「どうせならハイアットとか星野リゾートという高級ブランドに来てほしかった。ダメ元でお願いしました」

　一方、星野リゾートも都市観光ホテルの可能性に気づいたところに、タイミングよく大塚の案件が持ち込まれ、社内で開発スタッフを公募。「やりたい」と真っ先に手を上げたのが、総支配人の磯川涼子氏である。

　「大塚はあまり知られていないし、目立った特徴もない。だからこそチャンスがあると思ったんです。街をディープに掘り起こしていけば、楽しい店やイベント、集まりなどが必ずあり、それをツーリストに提案していけば、うちの強みになると確信しました」

　まず準備スタッフとして社内から5人を公募。大塚の魅力を発掘するOMOレンジャー部隊を結成し、2017年12月から活動を開始。人事部から異動した野部洋平氏は、5人で手分けし2カ月間で約100店舗を掘り起こしたという。

　飲食店のほとんどが個人経営。長い歳月に暖簾が揺らされてきたせいか、それぞれに特徴があった。5人のOMOレンジャーは日々通ううちに大塚に溶け込み、地元の問題を相談されるまでになった。

　星野リゾートは他のブランドでも、隠れた地元の特産品を施設

総支配人の磯川涼子氏。顧客満足度の管理や「界」の立ち上げに携わってきた

や敷地内に取り入れるために「魅力会議」を行っているが、OMOは客を外に連れ出すとあって、当初は一歩引き気味だった地元商店街も、OMOに期待を寄せ始めた。

地元ばかりではない。行政も動き出した。豊島区の高野之夫区長が言う。

「北口駅前の整備計画と合わせ、星野リゾートの進出で街のイメージが変わることを期待している」

大塚駅周辺には東急インやR&Bホテルなど、すでに1042室があり、5月にオープンしたOMO5 東京大塚、2019年開業する予定のアパホテルを加えると一挙に2倍近くに増え、ホテルの激戦区になる。一方、池袋を国際アート・カルチャー都市にする計画の豊島区は、旧庁舎跡に8つの劇場を20年までに完成させる。ここには飲食店をあえて入れず、ナイトカルチャーの街と位置づけた大塚へ電気バスで送客し、夕食や宿泊へと誘導する計画という。

ハード面では、20㎡弱という、ともすればベッドが大部分を占める標準的な広さの客室に、これまでにない立体的な造りを採用。数人でもくつろげる場所を用意し、料金は1人・基本7000円（2人利用時・税込み）からと値頃感がある。さらにソフト面では、地域に密着し、地元で愛される店への "旅" にいざなう。既存ビジネスホテルとは明らかに違うサービスは、インバウンド需要の取り込みにも期待できる。

画一化された都市型ホテルばかりが立ち並ぶなか、観光ニーズを掘り起こすホテルを "創造" したOMOは、業界に風穴を開けるかもしれない。

□ 新築ホテル計画＝811室
□ 既存宿泊施設＝1042室（上図はすべての施設を含まず）

注）「JR大塚駅周辺ホテル建設計画及び既存ホテル分布図」より（資料提供：豊島区）

大塚駅北口の再開発予想完成図。「わ」をテーマにした空間構成で、4つの光の輪が駅前を輝かせる。駅前の公共空間に人が滞留する時間をつくり、賑わいを創出。昼は機能的な駅前空間とするが、夜間には周辺商店街の魅力を引き立たせる。豊島区は、光のモニュメントを大塚駅のシンボルにしたいという

（資料提供：豊島区）

階段の下は、冷蔵庫が入り、スーツケース置き場として利用できる

洗い場の広い浴室。部屋の壁や浴室のタイルの色は4タイプ

＊（写真：ナカサ＆パートナーズ）

OMO5 東京大塚のロビーラウンジ。フロントデスクはあえて奥まったところに配置している

OMO5 東京大塚のロビーにある「ご近所マップ」。スタッフが足で稼いだ地元の店やイベント情報を掲示する。情報は随時、更新していく

「OMOカフェ」の売り物はヴォロヴァン(パイにシチューやフルーツを詰めたもの)。朝食からバータイムまで気軽に使えるスペース

東京をテーマに集めたグッズを販売。地元のメーカーに依頼し、伝統的な織物を使ったオリジナル商品も

（*以外の写真：丸毛 透）

interview

和のテイストを生かした都市型ホテル

日経デザイン（以下、ND）:「OMO5 東京大塚」は、これまでの都市ホテルにはなかった室内空間。櫓寝台のおかげで室内がとても広く感じます。

——（佐々木）実はこの案件で星野代表から頂いたお題は『2段ベッド』。その意味を、空間をいかに立体的にデザインできるか、と解釈しました。19㎡に定員は3人。上質な寝心地を担保したうえで、狭さを感じさせず、カジュアルで遊び心が満載の室内にしたいという思いで設計を始めました。

　私は大学卒業と同時に、「星のや」ブランドのデザインを手掛ける東 環境・建築研究所に入社。『星のや軽井沢』の立ち上げから関わらせていただき、『星のや東京』『星のやバリ』の設計にも参加して、5年前に独立しました。OMO5 東京大塚の設計も東 環境・建築研究所の東利恵さんと一緒に取り組みました。

　星野リゾートさんとの長いお付き合いから、カジュアルな都市ホテルに進出しようとも「和」のテイストは生かしたかった。ですから靴を脱いで部屋に入り、風呂は洗い場がある和バス、トイレは独立、床は畳にしました。

　ホテル全体のイメージは旅籠をモチーフにしました。部屋とロビーに90mm角の木軸を生かし、ホテル全体に統一感、あるいは連続性を持たせ、籠（かご）に包まれているような心地よさを出そうと思ったのです。

ND:設計に当たり、ベンチマークにした建物はありますか。

——星野リゾートから「観光に特化した都市ホテルをつくりたい」と聞いたとき、すごく面白いと思ったんです。これまで間口の狭いハイブランドを手掛けてきましたけど、OMOはもっと多くの人に利用してもらえる。それこそ建築家としてテンションが上がります。

　ロンドンに面白いホテルがあると聞き、星野リゾートのスタッフたちと視察に行きました。参考になりましたね。ロビーラウンジには宿泊客だけでなく街の人々も集まってにぎわっていた。日本のホテルは、宿泊客以外はロビーに入りづらく、広いスペースが閑散としていますが、ロンドンのホテルは、カフェにでも入るように地域の方々が気軽に利用していました。

　このスタイルは日本でも機能する。そう確信し、OMO5 東京大塚のチェックインカウンターはあえてロビーの

「ロビーは街の延長線上の空間としてデザインした」

(写真:丸毛 透)

佐々木達郎

佐々木達郎建築設計事務所 代表取締役

ささき・たつろう●1979年、北海道生まれ。千葉工業大学工業デザイン学科（現デザイン科学科）、同大学修士課程修了後、東 環境・建築研究所に入社。「星のや軽井沢」「星のやバリ」「星のや東京」などのほか、日本各地や海外のホテル、旅館や住宅等のプロジェクトを担当し、2013年に独立。現在、千葉工業大学非常勤講師

interview

OMO5 東京大塚のロビーにあるロゴマーク。壁に映る影が、都市のビル群を思わせる

奥にしました。ツーリストにはチェックインする前に、ロビーやカフェでにぎわいを感じてもらい、旅のテンションを下げさせない。高級な調度品はないけど、偽の素材は使いたくなかったので、銅やヒノキなどのマテリアルにはこだわっています。カジュアルで楽しい空間。そしてツーリスト以外の人も利用できる、街の延長線上の空間としてロビーをデザインしました。

ND：部屋の色合いも落ち着きます。

——部屋の空間を利用するために「仕掛け壁」を造りました。ちょっとした荷物を引っ掛けられるし、櫓寝台の階段の下には大きな荷物が置けます。ホテルの部屋の造りは1タイプですが、室内の壁と風呂の色で4タイプに分け、変化を味わってもらえます。

右ページ上／ホテル内各所のサインデザインもひと工夫してある
右ページ下／部屋の壁面を有効活用。小物類を引っ掛けたり、置いたりできる

（＊の写真：ナカサ＆パートナーズ）

OMO7 旭川

星野流で老舗ホテルのスタッフを意識改革
「街とつながる」コンセプトの根幹を引き出す

　"グランドさん"と称され、旭川市内随一の格式を誇ってきた旭川グランドホテルが2018年4月末、装いも新たに「OMO7 旭川」としてオープンした。かつてのバロック風のロビーは、人々が集まりやすいパブリックスペースに生まれ変わり、旭川関連の書籍約300冊が並ぶライブラリーコーナーもある。ロビーについて日生下和夫総支配人が言う。

　「お客様には、部屋に戻りたくないと思わせるような多彩な仕掛けと、市民の方々にも気軽にご利用いただけるような憩いの空間をつくりました」

　115室あった18㎡のシングルルームは、「DANRAN Room」と命名。ベッドをL字形に並べ、間にテーブルがあるツインに変更された。ベッド下を荷物スペースにし、備品類は立体的に収められているため、狭さは感じない。

　OMO7 旭川は、徹底した観光客目線で改装されたことから、ビジネス客などがこれまでの重厚な室内を想定して利用すると面食らうかもしれない。

　星野リゾートが、90年の歴史を持つ旭川グランドホテルの運営を引き受けたのは2017年4月。だが、都市型ホテルの運営が初めての星野リゾートには、具体的な運営プランがあったわけで

右ページ／U字形のフロント。ロビー全体に目が届くよう考案。客が戸惑うしぐさを見せたらすぐに駆け付ける

ないと星野佳路代表が振り返る。

「このときはまだ、OMOブランドにするとは決めていませんでした」

総支配人に手を挙げたのは、界ブランドなどで5施設を立ち上げ、社内で「立ち上げ屋さん」と呼ばれる日生下氏。たった1人で、300人近い社員を抱える旭川グランドホテルに赴いた。着任してすぐ、宿泊、宴会、婚礼、レストランの4つの事業が別々に運営され、シナジー効果も社員の交流もあまりないことに気づいた。日生下氏は、これまでの立ち上げと同様に「星野流改革」を断行。従業員の主体性を引き出し、アイデアの流動性を高めるため、全員参加でホテルのコンセプトづくりを始めた。各部門別に課題や魅力を洗い出した後、代表10人で「コンセプト委員会」を立ち上げる。星野リゾートはすべての施設で、米国の経営学者ケン・ブランチャードの「エン・パワーメント理論」を実践し、「経営情報の共有」「組織のフラット化」「課題や解決は従業員自身」などを推し進めている。

最初は従業員たちも戸惑った。フロント業務10年の長門詩織氏が言う。

「これまではトップダウンが当たり前だったのに、星野リゾートは違った。それに、失敗しても構わないという社風にもびっくりした。失敗を解析するとそこには成功の芽がたくさんあることも知った。とにかく運営が星野リゾートに変わってから、毎日がとても刺激的」

星野リゾートのスタッフは1人で複数の業務をこなすマルチタ

総支配人の日生下和夫氏。着任してすぐ総支配人室を取り壊し、専用車は営業に回した

スクが当たり前。だが、日生下氏はいきなりマルチタスクを求めては社員が戸惑うと考え、まずはダブルタスクから始めた。飲料部・ソムリエの小野寺雅昭氏は、当初この「星野流」におののいていたと苦笑いする。

「星野リゾートのマルチタスクは知っていたので、もしかしたら浴室清掃もさせられるのかと、戦々恐々としていた。でも蓋を開けてみればそんなことはなく、これまで経験しない仕事をやってみることで自分の世界が広がった」

そしてコンセプト委員会で徹底議論するうち、自ら動いて責任を持つ意識が芽生えた。そこで気づいたのが、施設だけでなく街も重要な資源だということ。これが、街とつながり街をリゾートとして味わい尽くす、OMO7旭川のコンセプト「まちなかみつけたび」に結実する。

早速、従業員らはチームを結成し、旭川の魅力を発掘して歩いた。料理部の水本伸幸氏は、街に出て意識が変化したと笑う。

「これまでは自分の料理を食べていただくことしか考えていなかったが、街を探検しているうちに、自分が見つけたお店をお客様に紹介したくなった」

街に出ると、多くの従業員の意識が変化し、新たな店の発見に喜びを見いだすようになった。日生下氏が言う。

「社員の多くが旭川出身で、もともと地元に愛着があった。お客様に旭川を自慢したくてうずうずし始めました」

目覚めた旭川パワーは強靭だった。星野代表は当初、観光に特化したホテルにするため、宴会部門はなくすつもりだった。とこ

「DANRAN Room」はベッドをL字形に配置。ちいさな団らんをイメージしている

＊ OMOレンジャーのメンバー、岡本のぞみ氏。ホテルのご近所のお薦め店を自らの足で発掘している

ろがコンセプト委員会で、これまで市民の「ハレの日」を担ってきた宴会部門が、街にどれだけ重宝がられていたか改めて浮き彫りになり、星野代表が折れた。星野代表は言う。

「都市型ホテルには宴会部門が必要なことを旭川から学びました」

地域一番だったグランドさんが変わろうとしている。既存ホテルのリニューアルで最も難しいのは、スタッフの意識改革だろう。OMO7旭川は、それを成し遂げたばかりか、OMOブランドの要である街とのつながりやOMOレンジャーの礎を築いた。

OMOは今後、地方都市での展開を見込む。旭川で醸成された運営ソフトが全国へと広がっていく。OMOレンジャーの許容量など人的リソースの課題はありそうだが、各地で意識改革が起こり、サービスが発展していくと期待させる。

OMO7 旭川のOMOレンジャーたち。緑が散歩、赤が酒巡り、黄色は路地裏グルメ、青は定番グルメ、紫はインスタ映えなお店

左／ソムリエの小野寺雅昭氏。舌を生かして飲食店を発掘
中／「自分の料理を楽しんでもらう以外に、お客様を旭川の店に案内したい」と語る料理部の水本伸幸氏
右／OMOレンジャーであるフロントの長門詩織氏。「星野リゾート流改革で毎日が刺激的」と話す

ロビーラウンジを「OMOベース」と呼び、さまざまな使い方ができる空間とした。旅行者とローカルがつながる、街に開かれたオープンなスペースだ

屋根裏部屋のような「ブックトンネル」。旭川の歴史や文化に関する書籍をそろえた読書空間となっている

ロビーラウンジで最も目を引く「ご近所マップ」。旭川市内のお薦めの店やスポットを紹介

「OMOカフェ&バル」は時間帯によって異なる雰囲気を味わえる。夜はお酒を飲んだ後のメパフェも

(＊の写真:渡邊肇之)

開業直後のOMO

「世の中になかったサービス」を
伝えていく力が問われている

　2018年5月22日、星野リゾートの東京オフィスでOMOの報告
会議が開かれていた。星野佳路・代表も出席し、マーケティング、
広報担当のスタッフがおよそ20人。「OMO7 旭川」「OMO5 東
京大塚」の開業パーティーの反響やメディアへの露出などについ
て、それぞれの担当者が報告した。旭川のスタッフはテレビ会議
で参加した。

　各種メディアからはOMOブランドの新しさ、ユニークさが好
意的に評価され、テレビやインターネット、雑誌などへの露出は
順調に増えていた。それらの広告効果を数値化したものを共有し
たり、「これから、星野リゾート全体のなかでOMOブランドを
どう位置づけ、広報宣伝していくべきか」といったことが議論さ
れるなか、星野代表がおもむろに口を開いた。その関心は特に、
OMOが目指すコンセプトの最も重要な柱の一つ、OMOレンジ
ャーによる「Go-KINJO」サービスや、OMO5 東京大塚の部屋の
つくりの象徴である櫓寝台に向いていた。

　「OMOレンジャーの実績、反応はどう？」

　OMO5 東京大塚の磯川涼子・総支配人が答える。

　「サービスの利用率は宿泊客の2割が目標ですが、今のところ
はまだ1割に満たない状況です」

　「参加者が多いのはどのコース？」

　「5つのコースのうち、『昭和レトログルメ』と『はしご酒』は
テーマが分かりやすいので、参加者も多いです。『大塚散歩』も、
当日参加を獲得しやすいようです。満足度はどのコースも高くな
っています」

　「データは細かく把握して。徐々に目標の2割に近づけていこ
う。世の中にないサービスだから、試行錯誤して進めよう」

OMOが開業した後、東京オフィスで開かれた会議での星野代表。OMOレンジャーや櫓寝台へのお客の反応に対し、「もっと知ってもらう工夫が必要」と説いた

ミスマッチを解消せよ

「世の中になかったサービスだから」──この日、星野代表は何度もこの言葉を口にした。Go-KINJOだけではない。2段式の櫓寝台を備えた部屋に対してもそうだ。

「櫓寝台の反応はどう?」と星野代表が質問を続けると、磯川総支配人が即座に答えた。

「評価がすごく分かれます。部屋に対するネガティブ評価はとても少ないのですが、通常のビジネスホテルをイメージしていらっしゃった方からの評価は高いとは言えません。インバウンドのお客様からは『頭をぶつけた』というクレームがありました」

これに対し、星野代表は「伝えること」の大切さを説いた。

「櫓の高さをイメージできる写真なりイラストなり、予約段階で誰でも分かるようにしないといけない。我々は今、世の中になかったサービス、部屋を提供しているわけだから、よほどしっかりと伝えないとミスマッチを解消できない」

ここから報告会に参加しているスタッフたちより、さまざまな意見が出された。「体験レポートを動画でサイトに載せたら?」「櫓の高さが分かるように、人を入れて写真を撮らないと」……。

OMO5 東京大塚はまだフル稼働ではない。客室稼働率の上限を抑えている状態で、夏に向けて徐々にフル稼働へ移行する予定だ。磯川総支配人は「星野リゾートグループの中でも初めての業態だけに、ノウハウが完全には確立していない面がある。トライアンドエラーが必要」と言う。20代、30代からの評価は非常に高いので、こうした若年層をいかに集客できるかがポイントと言えそうだ。

地元の魅力発掘をさらに加速

一方、東京より一足早くゴールデンウイーク前にリニューアルオープンしたOMO7 旭川でも、若干のミスマッチが発生していた。

日生下和夫・総支配人は「リニューアルしたコンセプトルーム

都市型観光ホテルのOMOは、星野リゾートにとって初めての事業でもある。全国展開するため、課題を早期に洗い出し、ノウハウを確立する必要がある（写真：丸毛 透）

においては、ビジネス利用のお客様の評価が低い傾向にある」と打ち明ける。これは東京と同じ現象だ。OMOレンジャーによるGo-KINJOサービスの利用率もまだ一桁台。「Go-KINJOの魅力を、スタッフが自ら掘り起こす体制づくりをさらに加速させていくのが今後の課題」（日生下総支配人）。

ただ、都市型ホテルのハード、ソフト両面を"観光客目線"でデザインし直したリニューアルに対して、「こんなホテルに泊まりたかった」というポジティブな利用客の声も少なくないという。OMO5 東京大塚、OMO7 旭川ともに、観光客にフォーカスした都市型ホテルというコンセプトはこれまでになかったもの。それだけに、魅力をいかにゲストへ伝えていくか、その工夫が問われている。

interview

都市型でファン層を広げ、スケールメリットを狙う

日経デザイン（以下、ND）：立ち上げの理由を教えてください。

――（星野）私たちの専門は観光です。社内では何年も前から、地方の都市型ホテルにおいても、ビジネス客ではなく観光客のみをターゲットにしたら、ロケーションの選定、お客様に対する接し方、あるいはサービスの内容、室内のレイアウトなどはどう変わるだろうか、という議論を重ねていました。その結果、「今までにないユニークなホテルが展開できる」という結論に達したのです。コンセプトは「旅のテンションが上がる都市観光ホテル」。その時はまだ、具体的な案件があるわけではなかった。

2017年4月、旭川グランドホテルを運営するに当たり、このコンセプトに沿ったホテルに変えるためにはどうすればいいか、「コンセプト委員会」を立ち上げました。そこでホテルの社員の皆さんに議論してもらった結果、見えてきたのが「ホテル周辺の魅力に寄り添う姿勢に徹するホテル」でした。

ND：おもてなしはどう変わりますか。

――これまでのリゾート運営で、私たちはアクティビティーを含めたサービスで、お客様にいらしていただく理由を提案してきました。私たちが考えるおもてなしは、「今日はこれを食べてください」「これで楽しんでください」と提案すること。私たちの地域文化や歴史に基づいたこだわりを、お客様に押し付けてきたと言ってもいいかもしれません。しかし、それが日本本来の

ほしの・よしはる●1960年、長野県軽井沢町生まれ。1983年に慶應義塾大学経営学部卒業後、米コーネル大学ホテル経営大学院修士課程修了。1991年、家業の軽井沢の老舗旅館「星野温泉」の4代目社長に就任。1995年、星野リゾートに社名を変更。「星のや」「界」「リゾナーレ」「OMO」など、現在国内外で38カ所の宿泊施設を運営。大の読書家で経営本の翻訳も手掛ける。

> 「ホテルは泊まるだけのものではなく、新しい観光情報媒体としても機能する」

おもてなしの形でもあり、星野リゾートが認められてきた理由の一つではないかと考えています。

ただ、OMOが他のブランドと決定的に違うのは、私たちが楽しみをつくるのではなく、街全体をリゾートとして捉え、すでに存在する街の楽しさを提案するということ。私がイメージしていたホテルの発想は、「友達が遠くから来たとき、どこに連れていきたいか」でした。それが「友人ガイド」というキーワードになり、煮詰まって「まちなかみつけたび」、そして大塚のスタッフらがOMOレンジャーへと発展させたのです。

また、旭川では、「500歩MAP」を旭川大学と共同で作成しました。ホテルから500歩圏内にあり、地元の人

星野佳路
星野リゾート 代表

interview

たちに深く愛されている隠れ家的な店舗、約60軒を掲載したものです。ホテルを新しい観光情報媒体としても機能させていきたいと考えています。

ND：OMOは全国展開していきますか。
——廃藩置県が施行されるまで、各地で違った文化が醸成されてきましたから、日本には個性的な魅力あふれる地方都市が多く存在します。ブランドを立ち上げるのですから、そのすべてにOMOホテルを造ることを目指していきたいです。

星野リゾートのもう一つの課題は、海外の運営拠点を増やしていくことです。私たちの弱点は、海外拠点が少ないことと、海外でのブランド力が弱いことです。今から日本のホテル運営会社が世界に出ていくのは簡単なことではなく、私は長くその方法を考えてきました。それは、日本旅館をホテル業界の一つのカテゴリーに位置づけることであると思っています。

今、世界に日本旅館に対するニーズがあるのかと言われれば、それは皆無でしょう。しかし、マーケティングとは市場を創造していくことです。寿司が世界の食の1カテゴリーになったように、日本旅館もカテゴリーにしていきたい。簡単なことではなくても、その方法以外に日本のホテル運営会社は世界には出られないと考えています。

星のや東京はそのためのベース基地なのです。都市で通用する日本旅館を完成させ、世界の都市に日本旅館を進出させていくことを目指しています。

OMO7旭川のDANRAN Roomで日生下総支配人と旅の打ち合わせ？

OMOレンジャーと大塚の夜を堪能。「いい店がいっぱい」(星野代表)

2章

星のや

「星のや」は
日本らしさを体現するブランド
世界を見据えたおもてなしを磨く

星のや東京
世界の都市で通用する日本旅館

　星野リゾートは2016年7月20日、東京・大手町に「星のや東京」
をオープンした。コンセプトは、世界の都市で通用する日本旅館
だ。広い庭の中の平屋木造という伝統的な仕様ではなく、地下
2階、地上17階のビル一棟の中に旅館の要素を組み込んでいる。
全室和室で、最上階には露天風呂付きの大浴場もある。

　日本旅館のおもてなしの心と一流ホテルの機能性や利便性を兼
ね備えているのが特徴。日本の生活文化を継承しながら、伝統的
な様式を進化させた空間やサービスで宿泊客をもてなす。伝統的
な日本旅館をそのまま持ってくるのではなく、逆に妙に西洋化す
ることもなく、現代の日本人が快適に過ごせるように進化した日
本旅館を目指している。将来的には星のや東京のハードとソフト
を基に、ニューヨークやパリ、ロンドンなど世界の都市への進出
も狙っている。

　世界とつながる日本の中心地、東京・大手町に旅館を作ること
は「星野リゾートとして意義があること」と星のや東京の菊池昌
枝・総支配人（取材当時）は言う。東京都心には五つ星のホテル
はいくつもあるが、一流といわれる日本旅館は少ない。日本旅館
のおもてなしを進化させ、現代人の生活スタイルに求められる快
適さをあらためて表現する。そんな進化系旅館が東京都心ででき
れば、世界中の都市への進出の道も開けるはず。「日本旅館が海

右ページ／1階の玄関。天井高は約5メートル。イ
グサの香りと畳表の感触を楽しんでもらうために、
スリッパのような室内履きは用意していない

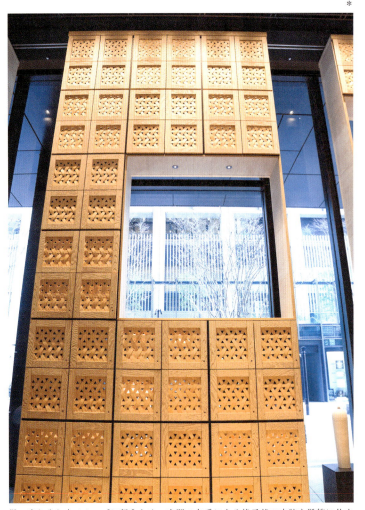

靴の出し入れをスムーズに行うため、玄関の左手にある格子状の内装を靴箱に仕立てた。枠は栗の木、編み目は竹。お出迎えをするスタッフしか開閉できない仕組みになっている

各階の廊下。客室だけではなく、施設全体がプライベートな空間だと感じられるように廊下も畳にした。廊下の端にある板敷きのスペースは、重いキャリーケースを引くときのために設けたものだ

「星のや東京」の外観。遠くからは黒っぽいビルに見えるが、柄の入ったファサードで覆われている

高さ約3メートルの青森ヒバの扉。この手前にガラスの自動扉がある。宿泊者のみ利用できる玄関だ

外に進出すれば、それに付随して日本文化の輸出にもつながる。日本人にしか作れない日本旅館は、海外でも注目されるはずだ」（菊池総支配人）。

日本の暮らしを体験

　星のや東京は、海外進出のためのベースキャンプのような存在だと言うのである。その意味で、施設やサービスにはほかの「星のや」とは違うところもあり、スタッフのオペレーションなどを改善しながら質を高めているという。ハードとソフトの仕組み化は、「2017年中には形になってきそうだ」（菊池総支配人）と言う。

　軽井沢や京都、竹富島など、いずれの星のやも、お客の気持ちを「日常」から「非日常」に切り替えるための動線がある。例えば、「星のや軽井沢」は駐車場をあえて離れた場所に設け、専用のバスに乗って施設に向かう。「星のや京都」では、船で川を渡っていく。どちらもリゾート地だからできる、自然の環境を生かした平面的に広がりのある動線だ。

　それに対して星のや東京は、大手町の中心地に建つビルだ。限られた空間でいかに「非日常感」を演出するかが課題だったという。東京のオフィス街から星のやワールドへ。その切り替えの場が1階にある玄関だ。玄関の自動ドアは、高さ3メートルの青森ヒバで作った木製の扉。厚い扉が開くと、三和土（たたき）と上が

各フロアに1つあるお茶の間ラウンジには、ごろ寝できる大きめのソファーもある

お茶の間ラウンジでは朝の軽食として、おむすびと味噌汁を用意している

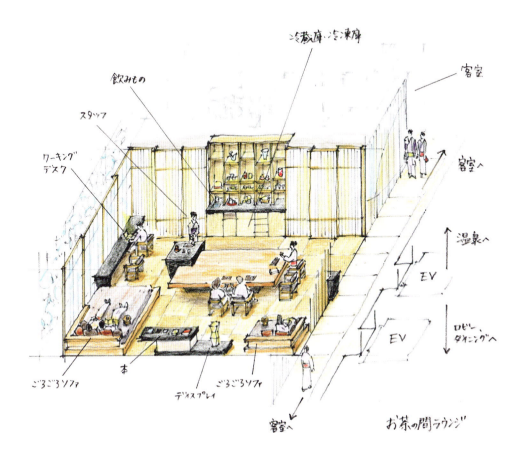

お茶の間ラウンジは、個々の部屋とはまた異なるリラックス空間

り框（かまち）があり、その先に畳の廊下がまっすぐに伸びる。

　玄関で靴を脱ぎ、畳に上がる。伝統的な日本の生活様式を通して、心理的な切り替えを狙っている。日本人客は、靴を脱ぐことでプライベート空間に入ったと実感でき、自然と気持ちが切り替わる。外国人観光客は、靴を脱いで畳に上がること自体が異文化体験であり、非日常の世界に入るきっかけになる。「非日常感を堪能できるように、1階は玄関のみ配置した。都市部の旅館らしい特徴的なデザインになった」（菊池総支配人）。

　靴の出し入れは、出迎えのスタッフが担当する。日本旅館らしいおもてなしの1つだ。とはいえ、客室84室に宿泊する約200人分の靴を間違えることなく出し入れするのは、容易ではない。そこで、靴の出し入れがスムーズに行えるように、靴箱を内装として考え、玄関の横に設置した。格子状の内装は、実は靴箱なのだ。客室の鍵とエレベーター内のセンサーを連動させるなどITを活用して、宿泊客がエレベーターを降りたときにはすでに靴が出ているか、すぐに出せる状態になっているという。靴箱の開閉は、出迎えのスタッフしかできない仕組みなので、宿泊客が他の客の靴を間違えて取り出してしまう心配もない。

1フロアが1つの旅館

　各フロアのエレベーター前には「お茶の間ラウンジ」がある。お茶の間ラウンジとは、各階の宿泊客専用のセミプライベートなスペースで、お茶の間（居間）のようにくつろげる空間だ。お茶の間ラウンジには「お茶の間さん」と呼ばれるスタッフが各階に

広さ約50平方メートルの2人部屋「桜」。正座したときとほぼ同じ高さでくつろげる「畳ソファー」が2つある。星のや京都でも使われているものだ。ガラス張りのバスルームは、スイッチ1つで曇りガラスになる。壁紙は鳥取の和紙、クローゼットは竹素材。星のやの内装や家具、調度品は、ヒノキ工芸が手がけている

1人常駐する。旅館の「女将」のような存在で、お茶をいれたり、季節や時間帯に合わせてお客をもてなす。気軽にお茶の間ラウンジを使ってもらえるように、客室と廊下、お茶の間ラウンジは同じ畳でつなげ、一体感を出している。

　星のや東京の新しさは、このお茶の間ラウンジという日本旅館らしいおもてなしの場をあえて設けたところにも感じられる。14フロアにそれぞれ1人、スタッフを配するのはコスト的にもオペレーション的にも負担になるはず。それでも、日本旅館のおもてなしを表現するには不可欠と考えたのだ。

　客室の機能性は一流ホテルと遜色ない。最上階に露天風呂付きの大浴場があるが、全室バス・トイレ付き。着心地のいい館内着とパジャマを用意し、アメニティーも充実している。寝具はベッド。時差ボケなどで昼間でも眠れるように、障子と窓の間に遮光スクリーンもある。都市部の旅館らしい細かい配慮だ。

　客室はすべて和室。畳は縁がなく目が細かい「目積表」で、形状はオリジナル。畳の向きを交互に変えて敷いており、一般的な和室よりもモダンな印象だ。和室のない住宅が増加しており、このままでは畳が廃れてしまう——そんな危機感から、今の日本人にとって快適に過ごせる和室とは何か考えてデザインした。

　オープンして約2年。利用客は外国人旅行者が多くなってきた。菊池総支配人は「旅館は、日本文化の『舞台装置』だと考えている。日本文化を経済価値に変えていくためにも、本物の日本文化を見極め、都市部の旅館として最適な形で取り入れていきたい」と語る。

南向きの角部屋で3人まで利用できる「菊」。広さは83平方メートル。写真奥に見える寝台には、シングルサイズのマットを3つ並べることができる。大型のウオークインクローゼットやダイニングテーブル、デスクなども完備しており、長期滞在で利用する人も多いという

夕食のメニューは1種類のみ。日本の食材を使ったフランス料理「Nipponキュイジーヌ」を標榜する。宿泊客のみ利用できる(要予約)

斉藤上太郎氏がデザインした、ジャージ素材の館内着。帯の端がひも状になっているため、初めて着物を着る外国人でも着やすい

地下にあるダイニングスペース。壁は地層のイメージ。粗い砂の上に細かい砂を塗り重ねる「版築」という技法で表現している

＊

最上階にある大浴場と露天風呂。大手町で掘削された天然温泉「大手町温泉」から湯を引いている。内風呂から壁の穴をくぐって露天風呂に出る。高層ビルが多いエリアなので、周りを高い塀で囲んで井戸の底のような露天風呂を作った。都会の喧騒が交ざり合い、空から降り注ぐように聞こえてくるという

(＊の写真：宮原一郎)

クラウドテラスの昼。ウッドデッキに木漏れ日がそそぎ、タープの下でお茶を飲んだり昼寝をしたりと、思い思いの時を過ごせる

星のや富士
アクティブなアウトドア体験を楽しむ拠点

　「星のや富士」は、眼下に河口湖を臨む丘陵地の森に囲まれた、日本初のグランピングリゾートだ。「グランピング」とは、「優雅な」という意味のグラマラスとキャンピングを合わせた造語だ。キャンプ地のような自然豊かな環境の中にありながら、施設やサービスは高級ホテルに引けを取らない。
　バーベキューのような屋外での食事、焚き火を囲んで語り合う夜のひととき。アウトドアに身を置き、自然と触れ合ことが、キャンプならではの非日常の魅力だ。こうしたアウトドアならでは

クラウドテラスの夜。焚き火を囲んで過ごす時間は、アウトドアならではの体験だ。アルコールを提供する「焚き火BAR」も開設する

　の楽しさを、キャンプ用品などの特別な装備も、それを使いこなす知識や経験がなくても、多くの人が体験できる。それがグランピングの醍醐味だ。

　例えば食事は、自分で食材を用意したり火をおこしたりといった手間は必要ない。グランピングマスターと呼ばれるスタッフのサポートの下、食事を楽しめる。一日中、薪の火を絶やさない「焚き火ラウンジ」があり、夜にはバーも開かれる。

アクティブな体験を提供するのが役割

　焚き火ラウンジがある「クラウドテラス」は、丘陵地の林にある星のや富士の敷地の最上部に当たり、斜面に沿ってウッドデッキが階層状に連なる。ウッドデッキにはさまざまなタイプのチェア

やハンモック、タープなどが用意され、併設のライブラリーカフェで借りた本を読んだり、お湯を沸かしてコーヒーをいれたりと、林の中で自然に囲まれながら、思い思いに過ごすことができる。

そして、このクラウドテラスは、さまざまな催しの場にもなる。朝は新鮮な空気を吸いながらのストレッチ、昼には石窯でのピザ作り、午後にはスイーツタイムや薪割り体験、夕方には燻製作り体験など。雨の日には、バードコール作りやポストカードペイントなど、雨の日だけの特別な催しも用意されている。

「外に出て自然をいかに楽しめるか、どんな体験を持ち帰ってもらうのか。それが星のや富士が提供できる大きな価値だ」と松野将至・総支配人は言う。一般的な旅館やホテルでは、どれだけくつろげるか、リラックスできるかを重視する傾向が強い。グランピングというテーマを掲げている星のや富士では、リラックスに加えてアクティブという要素も重要だ。「自分が周りの大自然の中に入り込むことで感じる新鮮な価値観、本能的な心地よさといったものは、グランピングの施設でしか味わえないものだと思う」（松野総支配人）。

お客の声から生まれた薪割り体験

ここでしか味わえない体験をつくるために、さまざまな催しやアクティビティーを用意し、新しいサービスを常に考え、進化し続ける。「一般的な企業では、企画開発部門だけが新しいサービスやプロダクトを考えて提案するようなケースが多いと思うが、星のやでは、ここで働くスタッフ全員が担当」（松野総支配人）。

例えば、薪割り体験もその一つだ。焚き火ラウンジの燃料として、毎日たくさんの薪が必要になる。そのため、開業当初からスタッフが薪割りをしていた。ところがあるとき、それを見ていた宿泊客から「自分にもやらせてくれないか」と声をかけられた。ただ、そのときは特別な安全対策などはしていなかったので、その場で断ったものの、そのスタッフは「薪を割ってみたいというお客様がいる。これを星のや富士の魅力にできないだろうか」と

*

焚き火は一日中絶えることなく燃え続け、スタッフがさりげなく火の世話をする

クラウドテラスのティータイムには、季節感や地域性をテーマにしたスイーツなどが振る舞われる

森の中にはハンモック、スイングチェア、宙に張り出したベンチなどさまざまなタイプのチェアが用意されている

考え、魅力会議に提案した。サービスとして提供するには、きちんと安全性を確保する必要があるからだ。

人気アクティビティーの1つに発展

　提案したスタッフはぜひ実現したいと思い、自ら薪割りの研究を始めた。どのように薪を割れば安全なのか、子供の場合はどうするのか、どうすればきれいに割れるのか……。そうしたことを調べた上で、次にはすね当てなどのプロテクターを付けるなど、実現に向けた提案をしていった。そして、安全性はどうか、体験として価値あるものかどうかといった検証。

　こうしてブラッシュアップを重ね、問題なくサービス提供できるまでレベルを高めていった。「実際にサービスを導入してみる

森の中で気に入った居場所を見つけ、ライブラリーカフェで本を借りてゆったり過ごすのも一つの楽しみ方だ

と、お客さんの反応はとても良く、見ている人が続々と『自分もやりたい』と参加してくる。最初はうまく割れない人が、何回目かでスパッときれいに割れると、周りから歓声と拍手が巻き起こる」（松野総支配人）という。「スタッフ1人ひとりがユーザーの声をきちんと拾い上げて、それを会議の場で提案できるという環境が整っているからこそ生まれた人気アクティビティーだ」（同）。

害獣問題の解決に寄与するジビエ料理

リゾートの楽しみの1つに食事がある。星のや富士で、グランピングリゾートらしさを最も強く感じさせるのが「フォレストキッチン」のディナーだ。屋外にあるキッチンで、ダッチオーブンなどを使って調理する、シカやイノシシなどのジビエ（狩猟肉）をメインにしたコースを提供する。これも魅力会議のスタッフのアイデアから生まれたものだという。

農村の過疎化などにより、シカやイノシシなどの野生動物による農業・林業への被害は全国で深刻化している。河口湖を含む富士五湖エリアも、その例外ではない。青木ヶ原樹海に隣接し、シカやイノシシにとっては、食料が豊富で人の出入りが少ないことから、特に頭数が増えている地域だ。地元のハンターが捕獲をしているものの使い道が少なく、処理場で処分されてしまうものも多い。地元と交流があるスタッフはそんな話を聞いて、「シカやイノシシの肉を魅力的な食材として世の中に発信して行くのが我々の役割ではないか。ジビエを料理としてアレンジし、提供していくべきではないか」と提案した。

客室のテラスにはファイアプレイスがあり、火と夜景を見ながら杯を重ねるプライベート空間になる

タープの下にキッチンやテーブルを設置した「フォレストキッチン」。グランピングマスターがつきっきりで料理の説明をしながらコース料理のサポートを進める

フォレストキッチンで提供するジビエ料理。調理にはお客も参加し、作る楽しみも味わえる

敷地を出なくても、さまざまアクティビティーを体験できる。クラウドテラスで開かれる「薪割り」は人気だ

富士山麓の広大な自然の中では、本格的なアクティビティーを用意している。河口湖に乗り出す「湖上の早朝カヌー」

クラウドテラスで、ランチタイムに開かれる「森の石窯ピザ作り」。生地をこね、ソースと具材を選んで焼き上げる

富士山の裾野の森に、馬で出かける「山麓乗馬」。他にも数多くのアクティビティーがあり、これらはごく一部に過ぎない

猟師に同行し、狩猟と獲物を肉にする過程を見る「命と食を学ぶ狩猟体験ツアー」。狩猟歴40年以上の猟師・滝口雅博氏に学ぶ。午前は仕掛けたわなを確認しながら山中を歩く

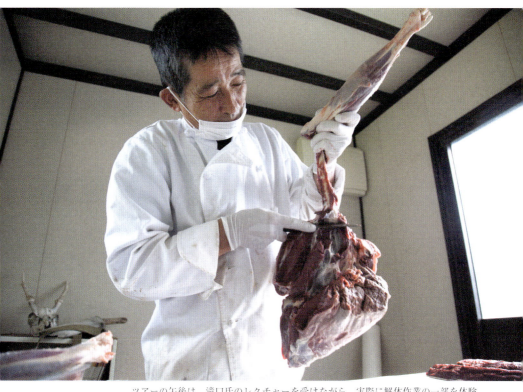

ツアーの午後は、滝口氏のレクチャーを受けながら、実際に解体作業の一部を体験する。もし午前中、シカを仕留めていれば、その場で血抜きと解体の第一段階も目の当たりにできる

この提案をきっかけに、星のや富士では猟友会を通じて猟師とコンタクトを取り、その賛同を得て、猟師が捕獲した害獣を食材として提供してもらう協力関係を築いた。「害獣という社会問題に企業として貢献することでスタッフのモチベーションが高まる。おいしい料理を通じて顧客満足度も上がって、害獣の問題に関心を持ってもらうきっかけにもなる」と松野総支配人は喜ぶ。

狩猟に同行するツアーも

さらに、地元猟友会との協力関係が後に新しいアクティビティーの開発にもつながったという。

食材として提供してもらう関係ができたといっても、市場に流通している精肉とは違う。どんな性質の肉なのか、どうすればおいしい料理にできるのか。シェフをはじめとするスタッフは狩猟に同行し、猟師から直接教えを受けてメニューを開発していった。その過程で多くのことを学んだという。狩猟肉の味は、仕留め方や血抜き、解体技術、温度管理などによって大きく左右される。高い技術がなければ、「臭い、まずい肉」になってしまう。

狩猟の現場に同行したスタッフは、獲物をおいしい食材として活用するための技術を目の当たりにし、命を頂くことの重みを実感したそうだ。そうした体験をしたスタッフが提案し、実現したのが「命と食を学ぶ狩猟体験ツアー」だ。猟師とともに富士山麓の森に入り、わなを使用してシカを狙う猟に同行する。そして、仕留めたシカを実際に食肉としてさばく工程を、血抜き、解体技術の説明を聞きながら見学し、実際に解体作業の一部も体験する。生きていたシカが食肉に変わっていく過程を実際に見ることで、「食べることは命を分けてもらうこと」だと実感する。他では得られない体験ができる。

自分の考えが形になる喜び

狩猟の現場は、険しい山道もあり、銃や刃物が使われることもあり、危険を伴う。星のや富士では、現場を熟知したスタッフが

事前オリエンテーションを行った上でツアーに同行し、サポートする。ツアーを実際に形にするまでには、スタッフが何度も実際の狩猟に同行し、星のや富士がこのツアーを通じて参加者に伝えたいこと、ツアーのコンセプトをハンターとも共有しながら、ツアーのプログラムの詳細を詰めていった。同行したスタッフは、発案者自身と、実際のサービス運営に関わる人々からなるチームだ。

　こうしたときに中心になるのは多くの場合、発案者だという。星野リゾートの組織はフラットで上下関係がない。発案者がどの部署にいようと、新しいプロジェクトが発足すれば、その人が中心になって物事が進む。「発案者にとっては、自分で考えたことがどんどん具体的な形になっていく。そこには、やる気と楽しさしかないでしょうね」(松野総支配人)。こうした組織の柔軟性も、星野リゾートが常に進化し続ける原動力だ。

星のや富士の松野将至・総支配人

(＊の写真：小林 淳)

星のやバリ
星野流マルチタスクは海外でも有効

　「星のや」として海外初の施設となる「星のやバリ」が2017年1月、インドネシア・バリ島にオープンした。谷底を流れる渓流に近い、約3ヘクタールの敷地に30軒のヴィラ（一戸建ての宿泊施設）が並ぶ。
　星のや初の海外展開においても、星野リゾートのおもてなしの根幹である「マルチタスク」オペレーションを導入している。通常、ホテルの運営ではフロント、ハウスキーピング、レストラン、調理など部門ごとにスタッフを配置し、仕事を分担するのが一般的。
　一方、同社では、全スタッフが1日の業務の中で、お客の行動に合わせて複数の部門にまたがって働く独自のスタイルを採用している。例えば、あるスタッフがフロントで得られた気づきを、チームで情報共有しつつ、レストランでのサービスにも活かすことができる。無駄の少ない人員配置が可能で、同時にお客の満足度を高められる運営方法だ。
　星のやバリのオープンに当たっては、50人の現地スタッフを採用した。彼らはこれまで、ほかのホテルなどで働いた経験はあっても、星野リゾート流のマルチタスクは未経験だ。
　「採用の条件として明記していたものの、マルチタスクをいざ実践するとなると、彼らが抵抗感を抱くのではないかと心配して

星のやバリには、約3ヘクタールの敷地に運河を模した3つのプールがあり、プールに直接入ることができる30のヴィラが設置されている

いた」。バリ総支配人の伊藤靖兼氏（取材当時）はこう語る。

3カ月で意識が変化

　実際は、現地スタッフは学習意欲が高く、複数の仕事を覚えることを楽しんでいたという。伊藤総支配人は「お客様に喜んでもらいたい、満足してもらいたいという気持ちは日本人も現地の人も共通している。マルチタスクの根本にある考えを伝えることで、彼らも適応してくれる」と話す。

　マルチタスクを導入してから研修も含めて3カ月ほどたった頃、現地スタッフの中には、すでに意識の変化が少しずつ現れ始めたという。

　例えば、フロントでは、必ずお客のパスポートをコピーする決まりになっている。そのパスポートを見て、翌日がお客の誕生日だと気づいたスタッフが、ケーキを提供して、チームでお祝いの歌を歌うことを提案。実際にやってみるとお客は大いに喜んでくれたという。

　こうした経験を通して、スタッフはお客に対する観察力を発揮し、自分から積極的にアイデアを提案していく面白さを実感し始めたようだ。

　星野リゾートのもう一つの特徴である、現場のスタッフが自らサービスを考える、「サービスクリエーター」であるという考えは、バリでも一貫している。バリの文化を最もよく知る現地のスタッフがアイデアを出し、それを実際のサービスに落とし込んでいくことが、星野リゾートのおもてなしには不可欠だ。

まるで宙に浮いているような「カフェ・ガゼボ」。ウブドの森を見下ろすうちに、自然と溶け合うような感覚になるという

マルチタスクは海外でも有効

　チャナン作りのアクティビティーは、そうした現地スタッフのアイデアを生かして開発された。

　チャナンとは葉や花びらで作るお供え物のこと。現地では毎朝、家や店の前に置いてお祈りをする習慣がある。現地スタッフの意見を反映して、民族衣装のサロン（腰巻き）を巻いて、20分ほどで3種類のチャナンを作成して部屋の前に置き、希望者にはバリ風の祈り方を指導するサービスを考案した。

　バリの神話にも登場し、「聖なる川」として知られるプクリサン川が施設の近くを流れている。この川を見ながらヨガをするといった、現地の文化を生かしたアクティビティーを今後も開発していく。

　お客が気づいていないニーズや、ここに来たらぜひ体験してほしいサービスを積極的に提案していくのが、星野リゾートが目指す"日本旅館メソッド"であり、競合に対する優位性である。

　「マルチタスクとサービスクリエーターを導入するためのスタッフトレーニングの手法も、時間を掛けて整備してきた。バリを立ち上げて、これらの仕組みが海外でも実践できることが分かった。今後の海外展開でも通用すると確信している」と伊藤総支配人は胸を張る。

吹き抜ける風が心地よいレセプション。このほかにライブラリーやショップがある。いずれもシンプルで気持ちのいい空間になっている

バリの習慣であるチャナン作りのアクティビティーは、現地スタッフのアイデアが反映された

伊藤靖兼・総支配人と共に顧客情報を確認。現地スタッフも星のや流のおもてなしを実践する

interview

西洋に媚びない現代の日本らしさとは何かを考えたデザイン

日経デザイン（以下、ND）：星野リゾートは日本を原点としながら世界を見据えているように思われますが、個々のデザインにおいてもそれは意識されていますか？

——（東）「星のや」は、ブランドの標準仕様でくくるのではなく、その施設が建つ場所が持つポテンシャルを最大限に利用しながら、新しい日本の宿泊施設を提案していくのがコンセプトです。チェーン店のように決まった形のものを各地に展開するのではなく、その土地の特徴を考えてゼロから作っていきます。建築家の立場で言えばゼロから携われるのは楽しいことですね。

私どもは父の代から住宅設計がメーンの仕事でした。住宅はクライアントによって要望が全く違うオーダーメードです。星野リゾートのやり方もそれに近い部分があります。大きい仕事としては1995年オープンの「ホテル ブレストンコート」からご一緒させていただいていますが、施設が出来るごとに視野が広がり、また新しい課題が見えてくる、そんなことの連続でした。

ND：星野代表が就任されたときからのお付き合いですね。

——仕事としてはそうですね。ですから星野リゾートがどう変わっていったか、一緒に体験しながら、一緒に作っているような気持ちが常にありました。最初のころは星野代表を含めて4人でテーブルを囲み、ホワイトボードを置いてブレーンストーミングをしたり……。

星野代表は考え方に一本筋が通っていて、そこからぶれることがありません。例えば、我々がデザインをするとき、オペレーションチームの話を聞いているうちに、彼らに"親切な"デザインをしてしまうことがあります。働

あずま・りえ●1959年大阪生まれ。1982年日本女子大学家政学部住居学科卒業。1984年東京大学大学院工学系研究科建築学専攻修士課程修了。1986年コーネル大学建築学科大学院修了後、東環境・建築研究所代表取締役

「居心地のいい場所とは便利な場所ではありません『星のや』はこれからも、快適を追い求めていきます」

くスタッフのことを考えてコンセプトより機能を優先させたり、逆に魅力のためにデザインを優先させたり……。そんなとき、星野代表から指摘されることが多いと思います。デザインチームとオペレーションチームで話がまとまらないときは、最後に代表に決断を仰ぐことも多いです。デザインチームの声が大きくなりそうなときは、「もっと現場の声を聞いて」と言われることもあり、バランスを見ながら一本、道を通すという大きな役割を果たされているなと思います。

ND：星野リゾートには「星のや」「界」「リゾナーレ」「OMO」の4つのブランドがありますが。

——最初からブランドが分かれていたわけではありません。並行して走っていく中で、それぞれコンセプトがはっきりとしてきたように思います。非日

東 利恵
東環境・建築研究所 建築家／代表取締役

（人物写真：丸毛 透）

interview

常感に包まれる「星のや」、温泉旅館の「界」、アクティビティー豊富なホテル「リゾナーレ」などのブランドに分かれていきました。私どもは今は「星のや」がメーンです。

ND：「星のや」はその土地の良さを引き出すということですが、具体的には？
――最初にその場所を星野代表、オンサイト計画設計事務所の長谷川さんと一緒に見に行き、そこが「星のや」として成立するかどうかというところから議論してきました。初めからソフトとハードが一緒になってコンセプトを決めていくのが特徴です。星野リゾートは自分たちで現地調査をし、自分たちで作り上げていく過程を大事にしているので、私どもも最初から入って行ける面白さがあります。

ND：「星のや軽井沢」の「谷の集落」というコンセプトは、どのように決まったのですか？

星のや京都
嵐山・渡月小橋から船に乗って川を遡ると、峡谷に沿うように建つ"水辺の私邸"に到着する

interview

——実はその前に、「星野温泉 トンボの湯」という日帰り温泉の設計をしています。そのときの星野代表からのリクエストが「西洋に媚びないでほしい」というものでした。

　日本をテーマにするということですが、伝統的な日本建築を作っても何の意味もありません。ここから本館の建て直し、つまり「星のや軽井沢」につながっていくことを意識しながら、日本を見つめ直し、現代の日本らしさとは何か、西洋の影響を削ったときに残る日本らしさとは何かを考えました。

　インターナショナル・スタイルとは違う日本の様式をどう進化させていくか。遅まきながらもそういうことに取り組み始め、現在も続けているのですが、きっかけになったのが、先ほどの星野代表の言葉です。

　その上で、「星のや軽井沢」の立地を見ると、自然の豊かな風景ではありますが、特別な個性はありません。そこで周りの地形を生かし、私たちが建てる施設と一体になって風景をつくっ

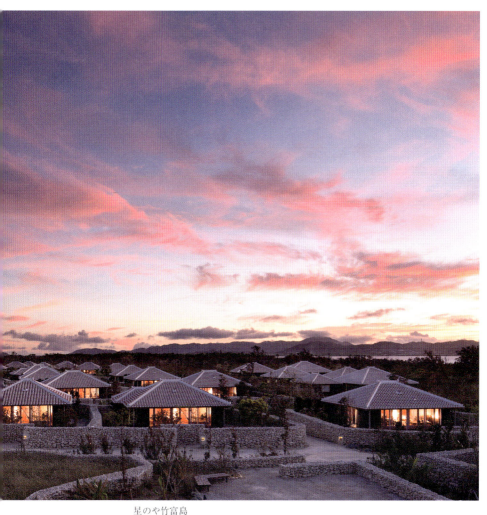

星のや竹富島
珊瑚の石垣に囲まれた八重山地方特有の伝統建築を尊重した集落は島の風景に溶け込んでいる

interview

ていこうと、「谷の集落」をコンセプトとしたのです。

ND：ほかの「星のや」のコンセプトは？
──「星のや京都」は渡月小橋から船に乗って行くという特別な体験ができる水辺の私邸。「星のや竹富島」は八重山文化を守り、保存地区に指定されている竹富島の町並みを踏襲した集落。「星のや富士」は富士山麓の自然を臨みつつもグランピングというアウトドアの体験を掛け合わせました。

　「星のや東京」は、東京では消えつつある「日本旅館」を作りたいと考え、今の時代に合った「旅館」を大手町に、とスタートしました。中途半端な和洋折衷様式ではいけない、日本の過ごし方の文化を感じてもらえるもので行くほうが明快だと考えました。

ND：よくある日本旅館をそのまま持ってきたのではいけないと？
──平屋や2階建て、木造の老舗旅館

星のや富士
河口湖を見晴らす丘陵にしつらえた日本初のグランピングリゾート。自然に溶け込む心地良さを味わえる

interview

なら話は違うでしょうが、地上17階建てのビルでは無理です。星野代表から「日本的なものって何？」と訊ねられたので、「靴を脱ぐことです」と答えました。靴を脱いだ瞬間、そこはプライベート空間、くつろぎの場になる、と。

素足になったときに一番気持ちよく歩けるのは畳です。それで室内も廊下も全館、畳で行きましょうと提案しました。大手町のオフィス街から星のやワールドに切り替えるため、1階の導入部を大きな玄関にしました。昔の下足番のように靴番を置いて玄関で靴を受け取り、お客が外出される際は魔法のように先回りしてサッと靴をお出しするという仕掛けも用意しました。

ND：**外国人客にストレスはないですか？**

——靴を脱ぐことに抵抗がある人はいるでしょう。しかし、異文化を体験すると思えば許せる部分もあるはずです。素足の気持ちよさを経験して、帰

国後、自宅で靴を脱ぐようになるかもしれない。それが異文化交流です。

「西洋に媚びない」とは、西洋人にとって快適な空間を作ることをしないということです。私たち日本人はこれが快適だと思うので体験してみてください、と。

「快適」と「便利」は違います。これは星野代表との共通認識です。居心地のいい場所とは便利な場所のことではありません。「星のや」はこれからも、便利さや機能性を追求しすぎず、快適を追い求めていきます。

ND：**「星のや東京」はこれからパリやニューヨークなど海外で旅館を展開する際のベースであると？**

——「星のや」として初めて手掛ける都市型旅館です。競争がハードな世界の現代都市の中心に出たとき、「星のや」はどうあるべきか。日本旅館を選んでもらうための1つの方向付け、「星のや旅館」の定義づけが実現できたと思います。

星のや東京
フロントデスクは独特の形状をしており、朱色が映える。東京という大都会の中に、非日常空間をつくり上げることに成功している

interview

大きな風景全体が地域の魅力を高めていければいい

「土地の魅力で人は来てくれるし、満足してくれる『星のや』のプロジェクトはそのことを実証するものだと思っています」

日経デザイン（以下、ND）：長谷川さんは、「星のや」ブランドのランドスケープデザインを手がけておられます。同じ「星のや」の施設でも立地も客層も異なりますが、星のやブランドとして統一されたコンセプトや考え方はどのようなものでしょうか？

——（長谷川）最初に私が加わったのは、星野リゾートがまだ今のように広く事業を展開する前の、本拠地の軽井沢だったんですね。それが私にとっての原体験としてあります。「星のや軽井沢」だけでなく、「ホテル ブレストンコート」も「ハルニレテラス」も「星野温泉 トンボの湯」も、最近だと2016年11月にできた「ケラ池スケートリンク」も全部含めて、個々の施設ではなくエリア全体が、軽井沢という土地がもともと持っていたイメージと共存する。それが私の持っている星の

長谷川浩己
オンサイト計画設計事務所 代表取締役

（人物写真：丸毛 透）

やに対するイメージです。

　私は、土地の固有の性格にこそ魅力があると思っています。だから人は旅をするんだと思います。そういう感覚を星野リゾートという会社は持っています。星野代表と初めてお会いして話をしたとき、軽井沢という土地のアイデンティティーが失われてきつつあることへの危機感をお持ちなのかもしれないな、と感じたんです。

　私は軽井沢に関わって20年近くになりますが、それ以前のバブルの時代、リゾート法ができた時代の観光というのは言葉は悪いですが"搾取型"だったと思うんです。その場所に関係がない、「○○風」の借りてきたイメージで施設やアトラクションをたくさん作って人を集めるというやり方は、その場所の名前しか使っていない。

　それは作る側がその場所の魅力を信じていない、集客できると思っていないところがあるんだと思います。そうすると、どこの観光地も似てきてしまう。それではお客さんは本当に満足してはくれないでしょう。そして、ある場所を使い尽くしたらまた別の場所に同じようなものを作る──そんな観光のあり方はおかしいと考えていました。

　そこにしかない固有のものは「資源」になります。例えば植物ひとつとっても、北海道には北海道の植物があり、バリにはバリの植物がある。その場所の気候風土や文化、そこにある材料と仲良くして、来る人に満足してもらえるものが出来れば、その方がどう考えても無理がないし、よそのまねをする必要もない。それが私が考える自然、つまり「あるべきように存在していること」だと思います。

はせがわ・ひろき●1958年千葉県生まれ。オンサイト計画設計事務所パートナー、武蔵野美術大学特任教授。千葉大学を経て、オレゴン大学大学院修士修了。ハーグレイブス・アソシエイツ、ササキ・エンバイロメント・デザイン・オフィスなどを経て現在に至る。館林美術館／多々良沼公園、丸の内オアゾ、東雲CODAN、星のや軽井沢、日本橋コレドの広場などで、グッドデザイン賞、造園学会賞、土木学会デザイン賞、AACA賞、JCD デザイン賞、ARCASIA GOLD MEDAL、アーバンデザイン賞などを受賞。

interview

　でも、地元の人もそれがよく分からないんですよね。長く居過ぎているからでしょう。外部の視線でその土地を見て、「こんなに素晴らしいものがあるじゃないですか」と提案する。それでも、迎える方は「こんなもので満足してもらえるだろうか」「もうちょっとなんとかしなければ」と不安になるようですが、そこを「そのままでいいんですよ」と言ってあげることに私たちの役割があるのかな、と思います。

　星のやのプロジェクトは、その場所の魅力で人は来てくれるし、ちゃんと満足してくれるんだということを実証するものだと思います。

ND：その土地にしかない固有の魅力をどのように見つけ出し、それをどうやって星のやに取り入れているのでしょうか？

──私たちの作る星のやが、それを取り巻くもっと広い風景の中に違和感なく溶け込んで、地域全体とつながり、そして事業としても成り立つ、という

星のや軽井沢
眺望が取れない谷地形の中で、明治時代から水力発電のための既得権として敷地に引き込んでいる膨大な水量はこのプロジェクトにとって大きな資産であった。ほとんどが地下の暗渠（あんきょ）を流れていた水を可視化し、星のやの風景のシンボリックな中心となる大きな池を作った

interview

モデルになりたいな、といつも考えています。

　例えば、「星のや竹富島」の例を挙げると、台風が多い場所なので鉄筋で何階建てかの建物の方が安心だとか、そんな風に考えては大きな風景とつながっていかないんです。竹富島は標高が20メートルくらいしかない平坦な島で、出っ張っているものが何もない。だから、木の高さの中にうずくまるようなものを作った方が、周りとつながっていける。

　夜もライトアップを最小限にして、闇を残しておく。沖縄のリゾートではよくヤシの木を植えてライトアップしたりするけれども、それをみんながやりだすと、せっかく離島に行っても星空も見えないということになってしまう。だから星のや竹富島では、ヤシの木を1本も植えていません。

　海岸にヤシの木が生えているのは多くの人が思い描く南国のイメージかもしれませんが、それは明らかに竹富島本来の風景ではないんですよ。ヤシの

星のや軽井沢
池の水は斜面に沿って少し分岐させ、そのまま斜面林に流し込むことによって棚田のような林を作っている。斜面の形状もそこに生えている高木も水も、すべてこの地にあったものであり、それらだけで出来ている風景はそのまま周辺の風景や軽井沢が持つ固有の風景と自然に結びつくことができる

interview

木を植えてしまうと、それは外からの借り物の風景になってしまう。

　星のやでは竹富島にもともと生えている木々だけを使っていますが、そうするとどこまでが星のやの境界なのかが分からないぐらい、外とのつながりができます。星のやは、その中だけで閉じた場所ではなく、周辺も含めて、地域全体の魅力を楽しんでもらえるような、広がりを持った開かれた存在であればいいなと思うんです。

　竹富島の港から星のやの一帯は、もともと畑だったところがいったん藪に返り、その後、和牛の仔牛を育てるのがいいビジネスになって、藪があちこちで開墾されてパッチ状の牧草地になっています。島の中を移動していると、藪の間で遠くを見通せない道が、あるときパッと開けて、そうすると空がとても広くて、遠くに御嶽の鳥居がちょっと見えたり、そんな繰り返しが今の竹富島の原風景になっているんです。そういった風景は、いろいろな人たちが共有すべき風景だと思います。

星のや竹富島
桟橋から続くアイヤル道の風景。かつては一面の畑だったが、今は藪と牧草地のパッチが織りなす空の広い風景と、白砂の道。「星のや」もこの風景の一部でありその延長にあるようにデザインした

interview

　だから、星のやの入り口にもわざわざ牧草地を作りました。カーブを曲がると牧草地が現れて視界が開け、その向こうに屋根が見え、牧草地の周りを迂回して着くようにしている。そうすることで、港からの風景の繰り返しがそのままシームレスにつながった形で星のやに入っていける。

　もともと竹富島のコミュニティー自身が「竹富島憲章」というものを持っていて、島の景観を守ることを強く意識しています。ですから、我々のプロジェクトも自然にその方向にまとまっていきました。

　星のやが地域とつながることでうまくやっていけるということを実証できれば、それは1つのモデルになれるのではないかと思うんです。地域の人もわざわざ外から異物を持ってきたり、無理をする必要がなくなるのではないでしょうか。みんなが共有する風景が資源になり、星のやだけでなく、それを含む大きな風景全体が魅力を高めていけるのではないかと思います。

星のや竹富島
牧草地の緑、グック（琉球石灰岩の空石積み、集落の原風景である）、白砂の道など、島固有の要素から成っている（写真：吉田 誠）

132

3章

界

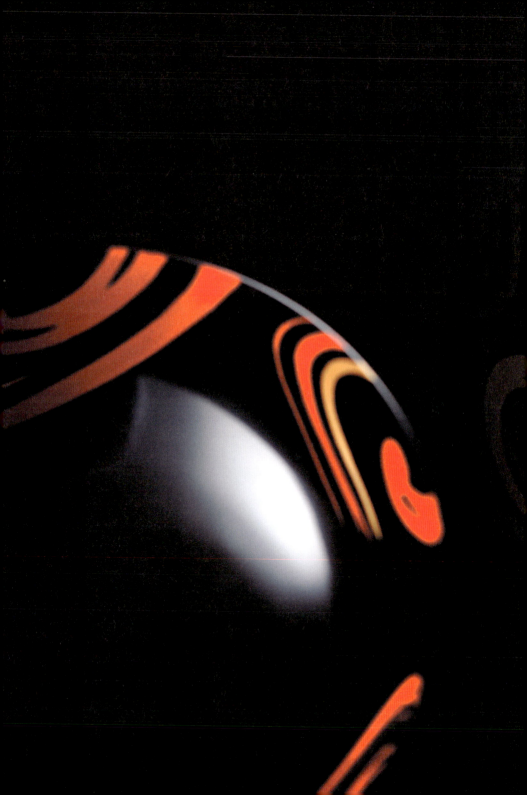

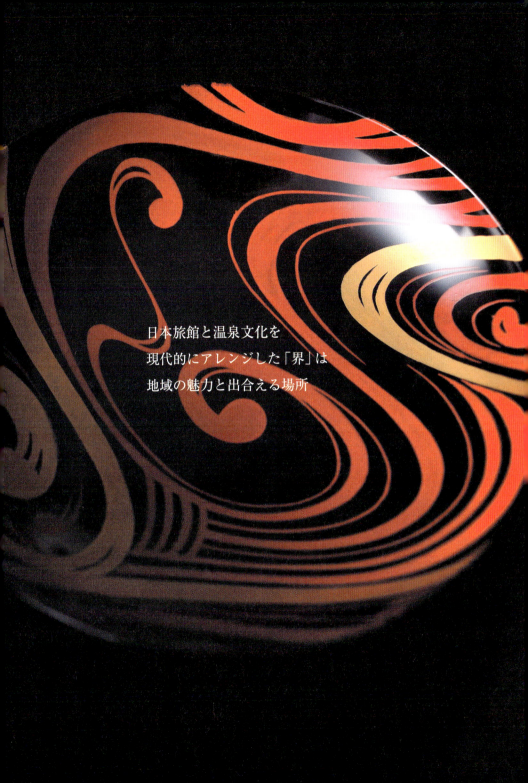

日本旅館と温泉文化を
現代的にアレンジした「界」は
地域の魅力と出合える場所

界 加賀
従業員のマルチタスクが支えるおもてなし

　星野リゾートが運営する温泉旅館ブランドの「界」。熱海や日光、箱根など全国の15カ所に展開し、和の趣や伝統を継承しながらも、ほかにはない温泉旅館を目指している。単に温泉や食事を楽しむだけでなく、各地域の伝統や特徴を示す文化を楽しんでもらうよう「ご当地楽」と呼ぶ界オリジナルの企画を用意し、特別なおもてなしとして提供している。伝統工芸や芸能、食など界ブランドの各旅館は、それぞれの「ご当地楽」を用意。見たり聞いたり、体験してもらうなど、いろいろな工夫で宿泊客を楽しませるため、各旅館が独自のアレンジを盛り込む。それぞれの「ご当地楽」が示す文化に浸りながら滞在するのも、宿泊客にはうれしい。

　だが、実は星野リゾートの秘密は、そうした宿泊客に対する文化的なおもてなしだけではない。接客を重視しながらも業務を徹底的に効率化し、旅館を運営している。だからこそ、既存の温泉旅館をリニューアルし、利益を生み出せる体質に変えることができた。従業員を増やさずに、いかにサービスを向上させているのか。それが星野リゾートが「マルチタスク」と呼ぶ手法だ。文字通り、人材を多重活用できるように従業員のシフトを工夫し、接客やフロント、客室の清掃などの業務のほか、「ご当地楽」の人材なども従業員が担当できるようにした。具体的に、どのように

2015年12月10日にリニューアルオープンした「界 加賀」の外観。紅殻格子や赤壁を復元した

玄関先の様子。奥に入ると前庭があり、中庭へと進むにつれて伝統とモダンをイメージさせるようになっている

マルチタスクを推進しているのか。石川県加賀市の山代温泉にある「界 加賀」をケースに、その秘密に迫ってみよう。

フロントの従業員が加賀獅子舞を踊る

界 加賀はJR加賀温泉駅から車で約10分のところにある。1624年に創業した老舗旅館「白銀屋」の歴史を受け継ぎつつ2015年12月10日にリニューアルオープンした。周辺は加賀友禅や加賀水引といった伝統工芸が有名で、また美食家・陶芸家でもある北大路魯山人にゆかりのある地域として知られる。界 加賀は、紅殻格子や赤壁といった伝統建築にマッチするように8階建ての客室棟を新設。客室は48室あり、いずれも加賀友禅や加賀水引をモチーフにした内装にした。

玄関の従業員に導かれて、旅館の内部に入るとフロントホールの天井部分に見られる「枠の内」と呼ばれる伝統建築の技法が目につく。これは太い大黒柱と大きな丸太のはりを、金物を一切使わずに組み上げるというもの。現在では同じような材料で再現するのは難しいとされており、伝統建築を生かした界 加賀ならではの風景といえる。

フロントで従業員に来訪を告げると奥に進み、地域の歴史や文化、自然、工芸などにまつわる書籍を置いた「トラベルライブラリー」に案内され、ここでチェックイン。そして毎晩9時30分からトラベルライブラリーで、界 加賀の「ご当地楽」の1つである加賀獅子舞が無料で開催される。温泉に浸かったり、食事を楽しんだりしたあとは、大勢の宿泊客が加賀獅子舞を楽しむ。勇壮に

フロントホールの天井は「枠の内」と呼ばれるつくり。太い大黒柱と、大きな丸太のはりを金物を使用せずに組み上げた

ロビーの「トラベルライブラリー」に飾ってあるのは「北大路魯山人」の書「いろは屏風」

左／従業員のマルチタスクの例。玄関先で宿泊客を誘導する従業員　右／フロントで出迎え、この後にチェックインの業務を行う

舞い踊る加賀獅子舞の姿に魅了される宿泊客たちだが、舞い踊ったあとに獅子頭を取った踊り手を見ると、そこにはフロントで接客していた従業員の姿があった。踊りに先立ち、加賀獅子舞の口上を述べたのも、別の従業員だった。

グループ間で従業員の融通も

　実は界 加賀に限らず、星野リゾートの各拠点では、普段は接客などを行う従業員が、チェックインや会計といったフロントの業務に加え、食事の配膳や客室の清掃といった業務まで対応し、さらには「ご当地楽」などさまざまなサービスの担当としてステージにも上がっている。界 加賀でもできる限り少ない従業員で、「ご当地楽」も含めたより多くの業務を処理できるように、シフ

左／毎晩9時30分に従業員が加賀獅子舞の衣装に着替えて披露　右／界 加賀では加賀獅子舞を独自にアレンジした「白銀の舞」として踊っている

左／宿泊客を見送る界 加賀・総支配人の柳俊介氏　右／柳氏が自ら加賀獅子舞の口上を述べることもあるという

界 加賀の庭園には伝統建築を修復した茶室「思惟庵」を設置している

トを組んでいる。界 加賀・総支配人（取材当時）の柳俊介氏は「客室の清掃といった業務まで自分たちで行うケースは珍しいのではないか。通常は外部に委託している場合がほとんどだろう」と言う。

　加えて、繁忙期などの時期に応じてグループ全体で従業員も融通。さまざまな効率化を考えながら、旅館の運営を実施している。単体で運営する旅館とは違って、星野リゾートグループとしての大きな強みがある。

　とはいえ、通常の旅館の業務と「ご当地楽」の業務は全く異なる。界 加賀で披露する加賀獅子舞は、金沢市の無形民俗文化財にも指定されているほどの伝統芸能だ。そこで従業員たちは、先に加賀獅子舞を踊っている従業員からトレーニングを受け、日々

茶室では毎日午後3時〜6時まで抹茶と季節の和菓子を用意して、おもてなしをする

「器は料理の着物」という北大路魯山人の料理哲学にならい、九谷焼の若手作家に料理を引き立てる器を制作してもらった

の練習を重ねながら、一人前になるように努力している。従業員は全体で約50人だが、3分の1程度の従業員が加賀獅子舞を踊ることができるそうだ。デビュー時はぎこちなかった踊り手も、2カ月もすれば向上するという。一人前のスキルを持った従業員が増えれば、シフトを組むのも容易になる。

界 加賀の加賀獅子舞は、伝統芸能の加賀獅子舞に独自のアレンジを加えたものだという。地元の工芸作家や民俗芸能の担当者に依頼し、振り付けや衣装、音楽はすべてオリジナルで制作した。ただし、加賀獅子舞で使う獅子頭の特徴である、大きな両眼が鋭く左右に広がる「八方睨み」の部分は生かしているなど、ここでも伝統の上に、新たな独創性を追加する姿勢は同じだ。

このほか界 加賀の庭園に、約200年前の伝統建築を修復した茶室「思惟庵」を設置。ここでは毎日午後3時から6時までの間に、抹茶と季節の和菓子を用意。おもてなしをするのは、茶道の先生のほかに従業員も対応する。

加賀獅子舞以外にも、それぞれの業務について従業員のスキルマップを作成。誰がどの業務を担当できるかが分かるようにしている。もちろん各業務ごとの従業員のスキルアップも常に推進し、サービスレベルの向上を目指している。

従業員もアイデアを出せる

さまざまな業務を手がける従業員のモチベーションは、どこから来るのか。加賀獅子舞を担当する従業員の1人に聞くと、「踊りのトレーニングは大変だが、舞ったあとのお客様の笑顔を見る

客室を「ご当地部屋」として、ローベッドとソファーを配置した空間に、加賀水引や加賀友禅などの伝統工芸をちりばめた

と、次回も頑張ろう、とやる気が出てくる」と話す。

　そうした従業員のモチベーション向上の背景の1つには、「魅力会議」という場を設け、「ご当地楽」の内容に対して従業員もアイデアを出し合うなど、自由な雰囲気が漂っている点もありそうだ。実際にイベントの中身をブラッシュアップして議論するときは界 加賀の従業員のほかに、本社の広報なども加わるが、季節感やご当地感を考慮しながら、どうすれば魅力が出せるかを、従業員みんなで知恵を出し合うことで、現場が自信を持って提供できるようになる。「やらされる」という感覚ではなく、自らが主体的に考え、行動することで従業員のやる気につながるのだろう。実際、界 加賀を取材すると、従業員同士で意見を言い合えるような、自由な雰囲気を感じられる。

　界 加賀は2018年6月1日から8月31日の間、加賀地方の伝統工芸・加賀水引を使った幻想的な「加賀水引のあかり」で中庭のライトアップを開催するイベントを予定している。これも従業員のアイデアから生まれたものだという。界 加賀は客室を「加賀伝統工芸の間」として打ち出し、伝統工芸品をイメージしたつくりにしている。加賀水引のあかりでは、伝統工芸の1つの加賀水引の伝統的な結び方「あわじ結び」の合間からこぼれる色とりどりの光が、かすかに揺れて夏の夜を彩るようにする。優美な灯りを眺めれば、宿泊客はくつろいだ時間を過ごせるだろう。このほかにも、今秋に実施する予定のイベントを企画中だ。加賀の伝統の上に新たな魅力を次々と示すことで、リピーターも増えるだろう。

中庭にはモダン感を演出。室内から眺めると、伝統とモダンの融合を感じられる

界 松本
地元の魅力を徹底的に磨き続ける温泉旅館

　1887年（明治20年）創業の旅館をルーツに、大正時代に源泉を掘削。1999年に現在の建物に刷新し、2006年から星野リゾートが運営する「界 松本」。星野リゾートの温泉旅館ブランド「界」のなかでも、8種類の風呂を備えた界 松本は、星野リゾートが提供する現代の湯治をいち早く体現した施設だ。

　一方で、1999年から使用する建物は、改装をあまり施さずほぼそのまま。もともとあった温泉施設を最大限に活用したアクティビティーが、界 松本を現代の温泉旅館に引き上げている。

　界 松本の温泉担当は、2015年にやって来た星恵理子氏だ。以前は、星野リゾートの別の温泉旅館のサービスチームでスパ担当をしていた。星氏の界 松本に対する第一印象は「星野リゾートのほかの施設に比べて、温泉が充実している」だった。

さらなる魅力「松本美人滞在」

　界 松本にはもともと、湯船が浅い寝湯や、お湯の音を楽しめる大風呂、寝椅子型のラディアントバス、水深が深い立ち湯など8種類もの風呂があった。界 松本の温泉担当になった星氏はまず、温泉施設を清潔に保つよう心がけた。そして2016年、さらなる魅力を提供しようと始めたのが「松本美人滞在」だ。

　星氏は「松本には江戸時代から伝わる『松本姉様人形』がある。

8種類の風呂に入浴できる界 松本。大風呂に浮かぶのは、地元の木工作家による「クラフト桜」

界 松本は、松本駅から車で約15分。1887年創業の旅館をルーツに、1999年から現在の建物を使用

体温よりも少し高い温度の温泉が内部を循環する、寝椅子型のラディアントバス。ゆっくり温まることができる

体を浮かべて入浴する寝湯。浅い湯船に横たわり、浮力に身を任せることでリラックスした状態に

水深が深い立ち湯。湯船内の階段を上り下りする足踏み運動を、20回ほど続けるとむくみとりに効果あり

界 松本は、26室のうち15室が露天風呂付き。大浴場と合わせて、浅間温泉のアルカリ性単純泉を堪能できる

松本姉様人形にちなんだ「松本美人滞在のススメ」。まとめ髪を結って後ろ姿美人となり、夕食などを楽しむ

　子供が遊ぶ着せ替え人形として、ままごとの道具にと母親が着物の端切れなどで手作りする人形のこと。特徴は、まとめ髪の美しさを強調する後ろ姿。そこに着想を得た」と語る。

　温泉上がりに浴衣をまとい、髪をまとめ、髪飾りを付ける。いつもとは異なる松本美人の姿で、夕食や、館内のほかのアクティビティーを楽しんでもらうのだ。

　もう一つ、温泉を舞台にしたアクティビティーが「松本美人入浴指南」だ。温泉に入る前、深呼吸やかけ湯をしっかりすることや、入浴中も水分補給が重要で時間は20分にとどめるなど、温泉入浴の基本を伝える。

　こうしたアクティビティーは、自分たちで考えた内容を星野リゾートのスパのディレクターに相談して作り上げていく。そし

トラベルライブラリーには、温泉関連の本が並ぶ。ほかにも工芸や音楽、ワインといった信州にまつわる本がある

温泉担当の星恵理子氏。以前は星野リゾートの別の温泉旅館でスパを担当。2015年から界 松本に勤務

「NAGANO WINE紀行」は、桔梗ヶ原産ワインの紹介映像を鑑賞し、ワイン3種類を試飲するアクティビティー

て、星氏ともう一人の担当者と2人で、顧客満足度調査をしながら軌道修正を施すことでさらに魅力を高める。広報担当の新本有香氏は「温泉を楽しみたいから、界 松本を選ぶというお客様が増えてきた」と語る。星氏は今後、男性向けの入浴指南を始めたいと考えている。

ワイナリー巡りのような試飲体験

　2016年5月に開始したアクティビティー「NAGANO WINE紀行」は、施設近隣にある、長野県塩尻市桔梗ヶ原産のワインを3種類試飲するという内容だ。桔梗ヶ原は、長野県で最も歴史が古い長野ワイン発祥の地として知られている。このアクティビティーを始めたきっかけは、スタッフがワイナリーを訪れた際に聞

テイスティングしたワインは、夕食時にオーダーしたり、購入して持ち帰ったりすることもできる

NAGANO WINE紀行担当の梨本経介氏。夏のソムリエの資格試験に向けてワインについて勉強中

157

いた内容を、そのままお客に伝えてはどうかと感じたためだという。NAGANO WINE紀行を担当する梨本経介氏は、「塩尻市内にワイナリーがあるといっても、1泊2日のスケジュールで巡るのは難しいし、車での移動では試飲できない。界 松本で、あたかもワイナリー巡りをしたような体験を提供できたらいいと考えた」と語る。

テイスティング前には、スタッフがワイナリーを訪れ、取材して作成した映像を通じて、造り手の考えやワインの特徴、桔梗ヶ原の歴史などを紹介する。映像制作のための取材は梨本氏が自身で行い、映像撮影は星野リゾートの軽井沢のウェディング撮影チームのカメラマンが担当した。

開始当初は、動画ではなく、写真を使って紹介する紙芝居形式だった。「手応えはあったが、中途半端な気もしていた」と梨本氏。「その頃は『こういう思いでワイン造りをしている』といった内容をスタッフが読み上げていた。しかし、お客様の中にはワインの知識が豊富な方も多い。それでは説得力がないと感じ、生の声を伝えられる映像に変更した」と続ける。

もう一つ、映像に切り替えた理由は、社内のソムリエにアドバイスをもらったためだという。ワインは専門的な要素が多い。そこを、自分たちの言葉に置き換えるのは難しい、とアドバイスされたのだという。星野リゾートでは、グループ内のスタッフ同士で、メールなどで簡単に相談できるようになっている。界はすべての拠点で「ご当地」を重視しているため、1年ほど前から、界 松本で食事の際に出すワインも桔梗ヶ原産に切り替えてきた。現在、塩尻市には11のワイナリーがあり、界 松本では約50種類を取り揃える。NAGANO WINE紀行は、夕食時に長野ワインをより楽しんでもらうきっかけ作りにも役立っている。

吉川総支配人は「お客様の期待に応える、新たな価値やサービスを生み出すのがここでやりたいこと」と語る。地域の魅力を体験として提供することで、温泉とワインというご当地の魅力をこれからも伝えていく。

ロビーコンサートもご当地楽のひとつ。ジャズやクラシックを聴きながらワインを楽しめるワインバーもオープン

吉川竜司・総支配人。「リゾナーレ八ヶ岳」「星のや軽井沢」などで総支配人を務めた

界 松本の広報を担当する新本有香氏。入社5年目で、魅力会議も担当している

界 アルプス

"ぜいたくな田舎"を魅力的な体験に

「界 アルプス」の宿泊客の8割は、おやきを食べる——ロビーやトラベルライブラリーに併設した囲炉裏の間を訪れると、日中は野沢菜入りのおやきが、夜が更けた頃には熱燗が振る舞われる。翌朝6時からは、かまどで炊いた熱々の粥（かゆ）が眠気を覚ましてくれる。冬には、囲炉裏であぶった焼きリンゴもある。囲炉裏を囲み、初対面の宿泊客が膝を突き合わせて軽食を楽しみ、お酒を飲み、酒を酌み交わす。客室から囲炉裏に足を運べば、時間ごとに異なる、さまざまな信州の食文化を味わえる。

囲炉裏の主として宿泊客を待ち受けるのが、10年前からこの場所で働き始めた矢口建夫氏だ。10年前にはすでにかまどがあったが、囲炉裏はなかったという。そこで、矢口氏が「囲炉裏を作ってもらいたい」と当時の総支配人に進言したそうだ。矢口氏は「自分のアイデアが通って囲炉裏を作ってもらった時点では有頂天。ですが、大きなプレッシャーを感じました」と言う。「人気が出なかったらどうしよう」と案じたまま、囲炉裏オープンの日を迎えた。

年配者や若い人、海外の人にも人気

囲炉裏のオープン初日には、約60人宿泊客がいた。「自分のアイデアがお客様に受け入れられなかったらどうしよう」。そんな

界 アルプスの「ご当地楽」は、囲炉裏から始まる信州の田舎体験。囲炉裏の番をするのは矢口建夫氏。昼間はおやき、夜は熱燗を振る舞う

心配をしながら準備を整え、囲炉裏で待っていたところ、「用意したお酒が足りないほど盛況だった」という。矢口氏は「囲炉裏は田舎には普通にあったもの。田舎で生まれ育った私には、当時の生活体験が豊富にあります。それを提供することで、年配者には実に懐かしく感じられるし、若い人には新鮮に映る。海外の人は、日本的だと感じる」と語る。これ以降、囲炉裏は界 アルプスの顔になった。

界にはその土地の文化などを宿泊客に体験してもらう「ご当地楽」というサービスがある。界 アルプスのご当地楽は「ディープな田舎体験」だ。その中心に囲炉裏がある。冬の囲炉裏の間は、かんじきや藁の靴を履いて、雪が積もった中庭に雪遊びに出かける出発点となる。その際、かんじきの履き方、使い方を伝えるのも矢口氏の役割だ。「今はあまり使われなくなりましたが、私が子供の頃は誰もが使っていた。深い雪の中に行くには、これがないと歩けないですからね」と矢口氏は言う。

囲炉裏が宿泊客を引きつけるのは、その懐かしい佇まいや、田舎の文化を楽しめるからだけではない。矢口氏との会話を楽しみにやって来る人も多いという。界 アルプスの上打田内健三郎・総支配人は、「田舎の昔話や他愛もない話を通じて、田舎を持たない人でさえ懐かしさを感じられる。矢口さんとの囲炉裏の時間が楽しいという声は圧倒的に多い」と言う。宿泊客のアンケートからも「昨日の夜、囲炉裏で話したのが楽しかったです」など、囲炉裏での体験を思い出に持ち帰ったという喜びの声が集まってくる。

2017年12月にリニューアルオープンした界 アルプス。道路を隔てた両側に、雪国らしい雪よけのアーケード「雁木（がんぎ）」が並ぶ

リニューアル前から使ってきた囲炉裏は、刷新した施設の中心的な存在。ロビーやトラベルライブラリーに併設され、宿泊客が行き交う場所

囲炉裏よりも古くからあるかまども継承。囲炉裏の間にあるかまどで炊いた「おめざがゆ」は、毎朝6時から楽しめる朝の贅沢なアクティビティー

夜になると、囲炉裏の火で温めた熱燗が振る舞われる。スタッフの矢口氏やここに集った宿泊客と交わす会話も、界 アルプスならではの貴重な体験

囲炉裏の間は、アクティビティーの出発点でもある。冬にはここでかんじきや藁靴を履いて、雪が積もった中庭に雪遊びに出かける

165

昼間いただける信州名物のおやきは野沢菜入り。信州の定番の味を、囲炉裏の火を見ながら堪能できる

建物を刷新し2017年12月再開業

　長野県大町市に位置し、立山黒部アルペンルートや白馬スキー場からも近く、雪化粧に染まる山々に囲まれた温泉旅館、界 アルプス。2016年3月から休館し、建て替え工事を終えて再開業したのは2017年12月のことだ。

　施設の再開業に当たっては、本部のサービス推進室が基本のオペレーションを決定し、サービスの動きをビデオ撮影したビジュアルマニュアルを提供してくれた。現場のスタッフはそれをタブレットで閲覧しながら2人1組でトレーニングし、再開業の日を迎えた。

　新たな施設は、48室すべてがご当地部屋「信濃もてなしの間」となった。すべての部屋に、信州大町の伝統工芸である松崎和紙で作られた行灯が置かれている。部屋のタイプは複数あり、スタンダードな和室に加え、ロフト付きの和室や信楽焼の浴槽で温泉に入浴できる「温泉内風呂付き和室」もある。薪ストーブを備えた土間がある「離れ」は、4室のみの特別な空間だ。雪国ならではの雁木（がんぎ）の廊下が建物同士を結ぶなど、この場所らしい魅力ある施設に仕上がった。リニューアル後もコンセプトは変わらず、「信州の贅沢な田舎を体感する温泉宿」とした。以前の場所から引き継いだ囲炉裏はまさに、そんなコンセプトを体現する場所だ。

囲炉裏に代わる強い魅力

　しかし、いつまでも囲炉裏だけに頼っているわけにはいかない——新しくなった界 アルプスは今、次なる魅力創出に向けて動き出している。最初に行ったのが「信州の贅沢な田舎を体感する温泉宿」というコンセプトの理解をさらに深めること。そうすることで、この施設ならではの魅力をより強く生み出せると考えたのが、魅力担当の荒井由美氏と広報担当の橋口美和氏だ。以前、星野リゾートの他の施設で魅力醸成に携わっていたもう一人のス

界 アルプスの客室は、48室すべてがご当地部屋「信州もてなしの間」。伝統工芸の松崎和紙で作られた行灯が置かれている。ロフト付きの和室

バスルームに信楽焼の浴槽を備えた「温泉内風呂付き和室」は、好きな時間に温泉に入ることができる

「離れ」は4室のみの特別な空間。入り口の土間には薪ストーブを設置。大きく取られたガラス窓から、季節ごとに異なる中庭の景色を眺められる

タッフと3人で、「信州の田舎の贅沢」とは何かとあらためて議論した。

　荒井氏は「新しいことをするにしても、界 アルプスらしいかどうかという基準が必要。そこで、現時点での見解を固めておきたかったんです」と語る。橋口氏は「その上で、新しい魅力にまつわる議論をみんなで始められたら」と続ける。コンセプトを明確にしてスタッフのイメージを統一しておくことで、囲炉裏に代わるような強い魅力をつくり上げようというわけだ。

　こうして再定義した「信州の贅沢な田舎」の「贅沢」は、お金をかけるという意味ではなく、囲炉裏の火を見つめる時間や、朝起きて澄んだ空気を吸うといった行為を指す。「田舎」とは、都会と対比するのではなく、「故郷のような存在」と捉えた。全体研

リニューアルオープンに合わせて設けたのが、スキー道具専用の乾燥室。この場所を夏季に活用するためのアイデアを現在検討中

魅力担当の荒井由美氏。以前は、高知の「ウトコ オーベルジュ&スパ」に勤務

広報担当の橋口美和氏。界 アルプスの前は「星のや竹富島」で広報をしていた

修で全員にこの見解を伝え、「コンセプトに合うような写真を撮影してくる」という宿題を出した。橋口氏は「現在のご当地楽の囲炉裏など、界 アルプスの魅力はリニューアル前から受け継いだものが多い。新しくなった界アルプスらしい、春夏秋冬ごとの魅力を自分たちで考えていきたい」と言う。

　四季を反映した新しいアクティビティーの企画は、すでに固まりつつある。2018年夏には、雁木の下で、けん玉やかざぐるまといった玩具で遊べる縁日を開催する。松本があんずの産地ということもあり、あんずシロップのかき氷や冷やした地場の夏野菜を提供。中庭では湧き水の小川に足を浸しながら、松崎和紙で作ったうちわと、冷えたサイダーを手に夕涼みができる。秋には、漬け物や、薪ストーブの上にスライスした果物を置いて干し柿などを作るなど、信州文化の保存食を楽しむ女子会を開催。冬は中庭にかまくらを作り、その中で何をすると楽しいかを目下、議論しているところだという。

アイデアは楽しみながら出す

　新しいアイデアを出すにはやはり「スタッフに聞くこと」に尽きるという。橋口氏は「当初、自分だけではアイデアが出ないと悩んでいましたが、スタッフが1つずつアイデアを出したら合計50の案が出る。魅力会議だけでなく、メールや日々の業務の合間にもスタッフに問いかけています」と言う。

　上打田内総支配人は「スタッフから『こうしたい』と意見が出るのが、うちの会社の面白いところ。自分たちでつくり上げるからこそ、魅力的なものになる」と言う。10年前、自らアイデアを出し、囲炉裏の魅力を刷新し続けてきた矢口氏は、「50人いたら50の個性がある。会議にしても雑談にしても、みんなに話を聞くと、自分では考えられないアイデアがポンポン出てくるのが楽しい」と続ける。

　働く側が楽しんでいるからこそ、訪れる人々を飽きさせないアイデアが生まれる。

離れと宿泊棟、食事処や大浴場に面した中庭。2018年夏には、サイダーを飲みながら湧き水が流れる小川に足をつけて過ごす「中庭の夕涼み」を開催

界 アルプスの上打田内健三郎・総支配人。1994年に星野リゾートに入社し2015年4月から界 アルプスの総支配人に

174

4章

リゾナーレ

リゾートホテル「リゾナーレ」は
スタイリッシュなデザインと
豊富なアクティビティーが魅力

リゾナーレトマム
雲海テラスに続くファーム構想とは？

　北海道、新千歳空港から鉄道やクルマで約80分の場所に「リゾナーレ」の一つ「リゾナーレトマム」がある。リゾナーレトマムは、全室100平米超えのオールスイートルーム。星野リゾートトマムには、リゾナーレトマムと「ザ・タワー」という2つの施設があり、リゾナーレは「洗練されたデザインと豊富なアクティビティーをそなえる西洋型リゾート」。ここの名物アクティビティーが、山々に囲まれたこの場所ならではの絶景を楽しむことができる「雲海テラス」だ。

　雲海テラスは、ウィンタースポーツのオフシーズンである5〜10月の早朝、ゴンドラで約13分かけて標高約1000メートル地点に登る。そこで、運が良ければ、眼下一面に広がる雲を眺められるという内容だ。雲海が現れる確率は40％ほど。ゴンドラで登った先には、コーヒーなどで一息つける「てんぼうかふぇ」が用意されている。

現場発のアイデアが魅力を創出

　2006年に始まった雲海テラスは、スタッフが索道整備中などに日常的に目にしていた光景を、宿泊客らにも楽しんでもらおうと提案したことに端を発している。現場発のアイデアがここにしかない魅力を創出した点が、なんとも星野リゾートらしい。雲海テ

「雲海テラス」は、毎年5〜10月、ゴンドラで標高約1000メートル地点に登り眼下に広がる雲を眺める人気のアクティビティー。雲海が現れる確率は40％ほど

ラスの発起人のひとりであり、現在も運営を担当するマウンテンオペレーションユニットの鈴木和仁氏は、「当時はそれが、売り物になるとはまったく想像していなかったんです」と語る。彼にとっての当たり前の光景が、人々を魅了すると予感したきっかけは、2005年に実施したアクティビティー「山のテラス」にあった。

山のテラスは、軽食入りのボックスを持ってゴンドラで山に登り、山頂付近のテーブルや椅子で、木々に囲まれて朝食をとるというもの。このとき何度か雲海が現れ、「お客さんの反応が良かった」ことが雲海テラスのアイデアにつながった。山のテラスの来場者は1000人弱だったが、翌年の雲海テラスには約1万人が訪れた。鈴木氏は、「とにかくびっくりした」と笑う。雲海テラスは今や、年間約13万人が足を運ぶまでに成長。2006年から数えて、2018年秋には累計来場者数が100万人を超える見込みだ。

楽なだけではやりがいがない

鈴木氏は、2005年に運営が全面的に星野リゾートに移行する以前からこの施設に勤務していたが、当時は「完全に年功序列だったんですよ」と言う。「アイデアがあったとしても出せなかったし、上司から言われたことだけやっていればよかった。それはそれで楽でしたが、楽が良いわけでもない。かっこよく言うと、それではやりがいがなかった」と続ける。

年々来場者を増やす雲海テラスはこれまで、巨大なハンモック「クラウドプール」や、空に張り出した展望台「クラウドウォーク」といった絶景ポイントを次々に設け、魅力向上に拍車をかけ

2018年5月に開催した雲海テラスのオープニングセレモニー。雲海と青空をイメージした生分解性のバルーン2018個を空に放った

1フロア4室のみで全室スイートルーム。200の客室がある「リゾナーレトマム」

「ザ・タワー」は500を超える客室を備えた施設。2008年に外装をリニューアル

空に張り出した雲の形をした「クラウドウォーク」は、空中散歩のような感覚を楽しめる展望台。2015年にオープン

てきた。現在進めているのが、とても幸せという意味の「I'm on cloud nine」という言葉にちなんで名づけた「クラウドナイン計画」だ。その一環として、2018年9月オープン予定の展望スポット「クラウドバー」や、クッションに寄りかかりリラックスした状態で眺望を堪能できる「クラウドベッド」を作る。鈴木氏は「次は何をやるんだろうという期待に応え続けたい。更新し続けることで、何度も足を運んでもらえるはず」と魅力を磨き続けていく考えだ。

　雲海というトマムの魅力は、ハードにも取り入れられている。2017年6月に完成したのが、全200室のリゾナーレトマムに1室のみの「雲スイートルーム」だ。雲をモチーフにしたインテリアは、ベッドルームやバスルームに広がり、その工夫はアメニ

2017年にできた「クラウドプール」。雲の形をした直径約10mのハンモックに乗って、雲の上に浮かんでいるような浮遊感を味わう

雲海テラスの発案者のひとりで、運営を担当する星野リゾート　トマムのマウンテンオペレーションユニットディレクター、鈴木和仁氏

ティーなどにも及ぶ。雲スイートルームは27階にあるため、部屋から雲海を眺められることもある。この部屋を担当したのは、2014年に入社した広報担当の相馬彩乃氏だ。

相馬氏は「責任やプレッシャーも大きいけれど、新人でも任せてもらえるのがこの会社の良いところ」と語る。こうした部屋の改装は、星野リゾートが運営を引き継いだ初期段階ではあまり行わない。部屋を改装しても、その部屋を利用できる宿泊客はほんの一握りだからだ。リゾナーレトマムは、星野リゾートが運営を開始して8年が経過した2013年に、ようやく全客室をリニューアルした。

秘訣はアイデアの組み合わせ

相馬氏は、その地域の魅力を発掘し、アクティビティーなどにつなげる魅力会議の、スケジュール調整やファシリテーターを務めている。魅力会議では、参加するスタッフのアイデアに耳を傾け、出てきた意見同士をうまく組み合わせるのが、良いアクティビティーを生み出す秘訣だという。企画の考案や実現を担当する工藤匠真氏は、魅力会議は「1人で考えるものではない。いろんな部門のスタッフがアイデアを出し合うことで、いい肉付けができる」と語る。

相馬氏は、広報スタッフとしての視点も併せ持つ。プレスリリースを作る際などの伝わりやすさや、見た人が思わず訪れたくなるような内容であることを重視してアクティビティーを考える。雲スイートルームには、雲を想起させる泡風呂や雲を模したイン

全200室のリゾナーレトマムに2017年に1室だけオープンした「雲スイートルーム」。インテリアからアメニティーまで雲がモチーフ

雲スイートルームのジェットバスで泡風呂を楽しむ「雲泡バスタイム」。雲のふわふわした様子をバスルームに取り入れた

バスローブもまた、雲が浮かんでいるかのように吊るしてある。部屋の隅々まで徹底的に雲というテーマで統一した

リビングルームは、家具や壁紙、ソファに置いたクッションに至るまで、雲や雲の「ふわふわ」を表現

雲スイートルームを担当した星野リゾート　トマムの総支配人室 広報、相馬彩乃氏。見た目の分かりやすさを重視

テリアなど、ひと目で分かる魅力を盛り込んだ。相馬氏は「ネーミングも含めて、分かりやすいことが重要。ほかにも『羊とお昼寝ハンモック』のように『なんだろう』と思ってもらうことで興味を引く工夫もしています」と語る。

ファームという新たな魅力

ハンモックに揺られ、羊を数えながら昼寝できる羊とお昼寝ハンモックは、リゾナーレトマムや星野リゾート トマムがこれから力を入れる牧場リゾート「ファームプロジェクト」の第一歩だ。

ファームプロジェクトを担当する宮武宏臣氏は、「羊とお昼寝ハンモックは、2年間温めてきたファームプロジェクトの大きな仕掛けの2つ目。夏には牛舎を立てる計画」と語る。2018年7月にオープンする「牧場ラウンジ」は、牧場がテーマの屋外ラウンジ。牧草で作ったソファなどを備え、リゾート内で飼育する牛や馬、羊やヤギがラウンジ近くで過ごす様子を眺められる。動物にも人にも居心地が良い、のどかな光景を前に、癒やしの時間を過ごすことができる。

ファームプロジェクトが目指すのは、動物に触れてソフトクリームを食べるような、いわゆる観光牧場のようなものではない。1980年代にリゾート施設が建ち並ぶ以前、このエリアには約700頭の牛が飼育され、農業も営まれていた。ファームプロジェクトには、この地のかつての風景を再現する狙いもある。本物の牧場を作り、アクティビティーで味付けすることで、この場所を訪れる理由を積み上げていく。

羊を数えながらハンモックでうたた寝するというコンセプトの「羊とお昼寝ハンモック」。ファームプロジェクトの第2弾施設

星野リゾート トマムのアクティビティーユニットディレクター、工藤匠真氏

星野リゾート トマムの総支配人室 ファームPTJ担当、宮武宏臣氏

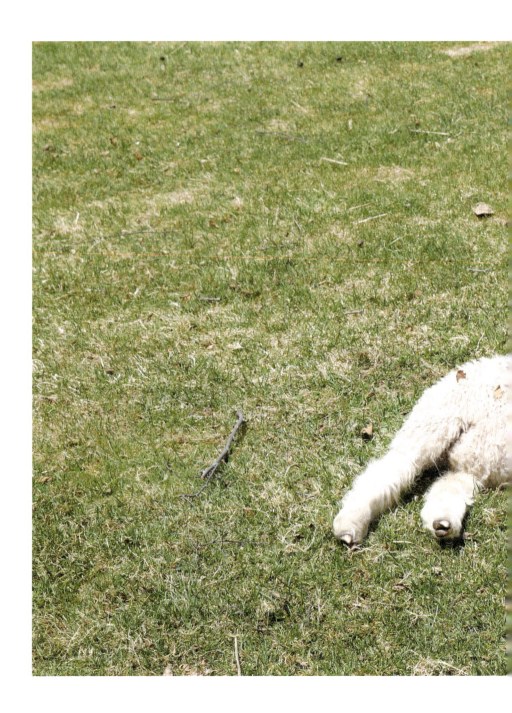

羊とお昼寝ハンモックの場所にいた子羊は2018年3月に生まれたばかり。大自然の中で眺める動物の姿に癒やされる

2018年7月にオープン予定の「牧場ラウンジ」は、牧場がテーマの屋外ラウンジ。牧草で作ったソファなどを備える

　リゾナーレトマムもまた、星野リゾートの多くの施設と同じく、経営不振になった施設の運営を受託したものだ。冬のトマムは、パウダースノーを楽しむ人々でにぎわう一方で、春夏にここを訪れる理由は希薄だった。リゾナーレトマムは、雲海テラスを筆頭に、この場所ならではの魅力を10年以上にわたって模索し続けてきた。

　星野リゾート　トマムの加藤智久・総支配人は「ここを目指して旅をしてもらえる魅力づくりがアクティビティー開発の原点。ファームプロジェクトは、トマムを夏の北海道観光のマストビジットプレースに押し上げる新たな一手」と語る。本物の牧場近くに泊まり、農場をテーマにしたアクティビティーを楽しめるファームステイという体験で、雲海テラスに続く大きな魅力創出を狙う。

「牧草ベッド」のテーマは、大自然の中で二度寝を楽しむこと。牧草でできたベッドのふかふかした感触や匂いを体験できる

星野リゾート　トマムの加藤智久・総支配人。「トマムを夏の北海道観光のマストビジットプレースに押し上げる」ため魅力を模索し続ける

193

リゾナーレ八ヶ岳
大人のワインリゾートへ、地元と共存共栄

　山梨と長野の県境に近い「リゾナーレ八ヶ岳」。この地域は寒暖の差が大きく、ワイン用ブドウの栽培に適している。近年、日本ワインに対する評価が高まっていることから、八ヶ岳の近辺も注目されている。

　星野リゾートは、こうした地域の「資産」を生かすため、総工費15億円を掛けてリゾナーレ八ヶ岳の大規模なリニューアルに踏み切った。狙いは、地元のワイン文化を積極的にアピールし、新しい客層を開拓することにある。流通量の少ない地元産ワインを提供するのはもちろん、ブドウ畑やワイナリー（ワイン醸造所）の見学やワイン用のブドウを使ったトリートメントなど、ワインを切り口としたサービスを一層強化し、2017年4月22日、リニューアルオープンした。

　同施設の総支配人、長屋晃史氏（取材当時）は、「大人のためのファミリーリゾートというブランドは確立した。新たな魅力としてワイン文化を取り入れることで、トレンドに敏感な大人の女性に訴求したい」と説明する。

客室にもワイングラスを常備

　まず、ワインという切り口を鮮明にするため、172の客室のうち101室のデザインを全面的に見直した。

2階レジデンステラスルーム。カーペットには鮮やかなボルドーカラーを採用。部屋全体がワイン色に統一されている。手前にあるのがワインボトルのコルクをモチーフとしたローテーブル

客室のダイニングテーブルでもワインを楽しめる。テーブルの上のボックスにはワイングラスが収納されている

壁面には、八ヶ岳連峰を構成する山々がワインカラーで描かれ、名称と標高が記入されている

寝室は奥の小上がりにある。星野リゾートが独自に開発した寝具を設置している

窓の外には広いバルコニーを設置。全面ウッドデッキになっており、裸足でも出られる

滞在中に飲んだワインのボトルを使ったルームランプ作りや周辺のブドウ畑やワイナリーを巡るアクティビティーを用意

　壁やカーペットに鮮やかなボルドーカラー（赤紫）を採用したほか、コルクをモチーフにしたローテーブルを配置し、視覚的にワインのイメージを印象付けている。さらに、室内でワインを楽しめるように、大きめのダイニングテーブルを置き、ワイングラスも常備する。満天の星を見ながらワインを楽しめるウッドデッキの広いテラスも用意した。
　「子供を寝かしつけた後の大人の時間に、ワインを思う存分楽しんでもらいたい」と長屋総支配人は語る。
　新デザインの客室の使い勝手などを検証する目的で、リニューアルに先駆けてモックアップルームを準備するという念の入れようだ。このモックアップルームにお客に実際に宿泊してもらい、アンケートに書かれた意見から、照明の調光ツマミの位置や椅子

リゾナーレ八ヶ岳の提携ワイナリー「ドメーヌ ミエ・イケノ」。生産者を招いての「メーカーズディナー」にも協力してくれている

のレイアウト、ランプシェードの高さといった細部を改善し、完成度を高めたという。

　施設内のレストランでも多様なスタイルでワインを楽しめる演出を施している。例えば、ビュッフェレストラン「YYgrill」では、壁面にワインボトルを入れる木箱を積み上げ、天井にはブドウ棚を思わせる装飾をあしらった。店内にはワイン樽を設置する。スタッフがカラフェ（卓上用ガラス瓶）に直接ワインを注ぐ様子をお客に見せる演出だ。

　メーンダイニング「OTTO SETTE」では、旬の野菜を使ったコース料理を、1皿ごとに最適のワインを組み合わせる"ペアリングスタイル"で提供する。

　ワイン初心者でも気軽に楽しめるサービスも用意する。施設内

施設内のワインショップ「YATSUGATAKE Wine house」。周辺地域で生産されたワインを試飲・購入できる

のワインショップ「YATSUGATAKE Wine house」では、山梨県・勝沼や長野県・小布施などのワイナリーから厳選した24種類のワインを用意し、1杯150円からという低料金で試飲可能だ。お客は、このショップで気に入ったワインとチーズなどのつまみを購入し、客室で飲むことができる。

地元との共存共栄がカギ

宿泊客向けのアクティビティーの目玉に、地元ワイナリーの協力を得て実施する「八ヶ岳ワイナリー散歩」がある。

お客はブドウ畑などをリゾナーレ八ヶ岳のスタッフと一緒に巡り、生産者からブドウ栽培の苦労や醸造方法などの説明を直接聞いたり、試飲したりして、ワインに対するさまざまな情報に触れ

メーンダイニング「OTTO SETTE」のコース料理「Vino e Verdura(ヴィノ・エ・ヴェルドゥーラ)」。旬の野菜とワインのペアリングを楽しめる

　ることができる。お客に名前を知ってもらい、限定ワインなどを購入してもらえるので、ワイナリーにもメリットがある。
　こうしたワイナリーや施設内のワインショップで購入したワインは、施設内のレストランに無料で持ち込める、いわゆるBYO(Bring Your Own)だ。ワイン愛好家を集客する狙いから、一部のレストランがBYOを導入しているが、リゾナーレ八ヶ岳は宿泊施設としてこうしたトレンドにいち早く対応し、ワインを楽しむ層を広く集客したい考えだ。
　ほかにも滞在中にお客がレストランなどで飲んだワインボトルを使い、オリジナルのルームランプを製作するアクティビティーも用意。こうしたアクティビティーを通して、お客にリゾナーレ八ヶ岳に宿泊した楽しい思い出を長く覚えてもらい、リピートに

つなげる。

　屋外でもワインを楽しむスタイルを提案する。施設の中央を走る約150メートルのメーンストリート「ピーマン通り」には、レストランやカフェがあり、オープンエアーのテラス席でカジュアルな料理とワインを提供する。お客は爽やかな高原の風に吹かれながらワインを堪能できるという仕掛けだ。ピーマン通りでは、リニューアルオープン後の4月、第1弾イベントとして「花咲くリゾナーレ2017」を実施した。通りを色とりどりの花で飾り、ワインショップでは淡いピンクのロゼワインを豊富に用意した。

　「地域の魅力を次々に掘り起こし、常に新しいサービスを提供していくことで、ワインリゾートとして進化していきたい」と長屋総支配人は語る。そのためには、地域の生産者や事業者との協力が欠かせない。

　例えば、ブドウ栽培農園「小牧ヴィンヤード」は、リゾナーレ八ヶ岳と同じ北杜市内にあり、アクティビティーのワイナリー散歩のお客を受け入れている。小牧ヴィンヤードのワインはヴィンヤード内のワインカフェとリゾナーレ八ヶ岳のメインダイニングのみで味わうことができる。同農園を運営する小牧康伸氏は、「お客様を連れてきてもらったり、ワインを販売してもらったりして助かっている。リゾナーレ八ヶ岳と協力して、この地域を盛り上げていきたい」と語る。

　星野リゾートが得意とする地域の特色を生かしたおもてなしは、地元事業者と共存共栄できるかどうかがカギになる。

リゾナーレ八ヶ岳内のメーンストリート「ピーマン通り」。毎年春には、通りを花で飾るイベント「花咲くリゾナーレ」を開催する

(※の写真：廣瀬貴礼)

interview

豊かなエクスペリエンスこそ大事

日経デザイン（以下、ND）：クライン ダイサム アーキテクツが手がけるのは、星野リゾートの「リゾナーレ」のデザインですが、リゾナーレをデザインする際の基本コンセプトがあれば教えてください。

アストリッド：リゾナーレをデザインする際、私たちが大切にしていることは3つ。1つは、「立地（土地性）を大切にすること」。次に、「星野リゾートのDNAを大切にすること」。最後に、「お客様の必要とするものを見極め、彼らのための建築を作ること」。星野リゾートを「親」とするなら、リゾナーレは各地に散った「子供」です。上記3つのパーツを組み合わせながら、個性を伸ばしています。

ND：「星野リゾートのDNAを大切にする」ということですが、具体的にはどういったことが「星野リゾートらしさ」だと思いますか？

アストリッド：星野リゾートには、「自分たちがやって楽しいことなら、お客様も楽しいだろう」という考えがあります。そのため、ほかの会社ならリスクを気にして見送るようなことでも、「楽しいからやってみよう」と、好意

的に受け止めてくれます。

　例えば、私たちが初めて星野リゾートと仕事をしたのは、「リゾナーレ八ヶ岳」のガーデンチャペル「ZONA（ゾーナ）」でした。チャペル前面には池があり、「そこに飛び石を敷いて、対岸に渡ることができたら素敵な体験になる」と考えましたが、豪華な衣装を身にまとった新郎新婦が池に落ちる危険性もありました。そこで星野リゾートに相談したのですが、「2度とない晴れ舞台だからこそ、やってみよう」と、快くOKしてくれました。「ホテルもあるので、身体を拭くタオルならたくさんある」と（笑）。もちろん実際には、お客様が落ちることのないようにスタッフのみなさんが細心の注意を払っているのですが。私たちは、星野リゾートのポジティブな精神をとてもリスペクトしています。

ND：リゾナーレは既存の施設を改装するケースも多いですが、新築と改装では違う難しさがあるのではないかと思います。「変えること」の難しさを教えてください。

アストリッド：そういった難しさは、あまり意識していません。社会やトレ

「星野リゾートのポジティブな精神をとてもリスペクトしています」

クラインダイサム アーキテクツ代表 Astrid Klein

クラインダイサム アーキテクツ 久山幸成

クラインダイサム アーキテクツ代表 Mark Dytham

アストリッド・クライン●クラインダイサム アーキテクツ代表。イタリア・バレーゼ生まれ。伊東豊雄建築設計事務所で働いた後、1991年に、マーク・ダイサムと共に現事務所KDaを設立。建築、インテリア、インスタレーションといった複数の分野のデザインを手掛けるKDaの作品やその活動は国際的評価を得ている。

ひさやま・ゆきなり●クラインダイサム アーキテクツ シニアアーキテクト。横浜国立大学工学部建設学士号取得。兵庫県赤穂市生まれ。1996年よりKDaに所属。アーティスティックな感性を投入しながら作品に向き合い、建築・内装設計全体をまとめる中枢的存在。関東学院大学と桑沢デザイン研究所にて非常勤講師として教鞭をとる。

マーク・ダイサム●クラインダイサム アーキテクツ代表。英国生まれ。伊東豊雄建築設計事務所を経て、1991年アストリッド・クラインとKDaを設立。2000年には、名誉大英勲章MBEの称号を英国女王より授かる。現在、世界1000都市以上で開催されるクリエイティブイベント、PechaKucha Nightの創設者でもある。

(C) Brian Scott Peterson

interview

ンド、利用客の年齢層が時間とともに変わるのと同様に、リゾナーレのブランディングも時間とともに変わっていけばいいでしょう。

久山：私たちは、その施設が持つもともとの魅力を大切にしつつ、さらに変化を加えることで、「生きているブランディング」を意識しています。例えば、2017年に改装したリゾナーレ八ヶ岳は、もともとはウエディング・ブライダル施設のイメージからスタートしました。そこに、「家族で楽しむ」という要素を加えたことで、ファミリーリゾートという新しいイメージが加わりました。今回の改装では、「ワインを楽しむ」というテーマをさらに強め、大人の年齢層にアプローチできるようになります。

ND：改装中のリゾナーレ八ヶ岳の客室のリニューアルではどのようなことを気遣いましたか？

アストリッド：リゾナーレ八ヶ岳では、お客様に「クオリティタイム」を

リゾナーレ八ヶ岳
ガーデンチャペル「ZONA（ゾーナ）」。演出に合わせて、チャペルの天蓋がゆっくりと開く。チャペル前面の池には、対岸に渡るための飛び石を敷いた

interview

提供したいと考えています。たとえ休日だったとしても、寝過ごしてしまった時間はクオリティタイムとはいえません。客室では、ベッドに寝転んでテレビを見るよりも、家族や友人とトランプゲームをしたり、ワインを飲みながらおしゃべりをしたりする方が記憶に残ると考え、1 to 1で会話できる環境づくりを意識しました。

また、客室のデザインで特に気に掛けているのは、お客様がそこで何をしたいのか、どう過ごしたいのか、ということです。例えば、リゾナーレ八ヶ岳の客室にはウッドデッキのバルコニーを併設していますが、改装以前のバルコニーは冷たい印象のタイル張りで、「使いたい」と思えるものではありませんでした。けれども、もしも私がお客様ならば、バルコニーで星空を見たり、ワインを飲んだりしたいと考えます。そこで、バルコニーの床をウッドデッキに変えることで、部屋の中から裸足で出られるようにしました。天気の良い日にはヨガを楽しんだり、子

リゾナーレ八ヶ岳
2017年4月に改装オープンした。改装後の客室の色調はワインレッドで統一。向かい合って会話やゲームを楽しめるよう、配置する家具にも気をつかった。バルコニーの床にはウッドデッキを敷き、裸足でも出られるようにした

interview

供たちを寝かしたりもできるでしょう。

ND：お客様が自然に「自宅にいるときとは違う体験」をできるようなデザインなんですね。2011年にはリゾナーレ熱海の改装も手がけたとのことですが、八ヶ岳とはどのような違いがありますか？

アストリッド：リゾナーレ熱海のメインテーマは「海と空、花火」レストランや客室、アクティビティー施設にもこれらのモチーフを取り入れました。「家とは違う体験づくり」を意識したのは、八ヶ岳も熱海も同じです。ただ、熱海には3世代で訪れるお客様が多いため、子供たちには花火をモチーフにしたクライミングウオール、大人たちにはアーバンビーチをイメージした「ソラノビーチBooks & Cafe」といった具合に、すべての世代が楽しめる体験づくりを意識しました。

ND：ソラノビーチBooks & Cafeがオープンしたことで、リゾナーレ熱海全

リゾナーレ熱海
花火をモチーフにしたクライミングウオール。子供はもちろん、親子3世代で楽しめる

interview

体に良い効果があったのではないかと思います。

アストリッド：実を言えば、ソラノビーチ Books & Cafe のある 11 階フロアーは、2011 年の改装時に手つかずのまま残っていた場所でした。本来ならば、一度の改装で施設全体をリニューアルしたかったのですが、いろいろな制約もあり、2017 年、ようやくリニューアルできたのです。

久山：リゾナーレ熱海では、ある部分に集中して手を加えて、「楽しい」という印象がお客様に強く残るように意識しました。限られた予算のなかですべての要素を変えようとすると、全体が薄くぼんやりとした印象になってしまう可能性があったからです。

アストリッド：私たちは、このような大胆な考え方を得意としています。しかし、このような考えを受け入れるクライアントはなかなかいません。それを「実現しよう」と言ってくれる星野リゾートは、とても希有な存在だと考えています。

リゾナーレ熱海
最上階の「ソラノビーチBooks&Cafe」は、「空に浮かぶビーチ」のような不思議な空間で、床には本物の砂を敷き詰めている。夜21時以降は立ち入りに年齢制限を設けており、静かな空間でリラックスしたい人に最適

214

5章

そのほかの個性的な宿

全国に展開するリゾートは
その地域らしさを色濃く湛える
個性派ぞろいだ

青森屋
アイデアを生む「魅力会議」で成長し続ける宿

　青森県・三沢空港から車で約20分。青森県に3施設ある星野リゾートのうち、太平洋側の三沢市にあるのが「星野リゾート 青森屋（以下、青森屋）」だ。4つのブランド以外の拠点のなかでも特に個性的な施設で、「目一杯」「徹底的に」を意味する「のれそれ」という津軽弁を取り入れ、「のれそれ青森〜ひとものがたり」をコンセプトに掲げる。

　このコンセプトに基づき、青森ならではの文化を人の温もりとともに提供する青森屋は、まるでテーマパークのようだ。施設内では、青森をモチーフにしたイベントが多数繰り広げられ、週末だけでなく平日も多くの人々でにぎわう。宿泊客の半数は、首都圏から訪れる。

　青森屋は1973年に「古牧グランドホテル」としてオープンしたが、次第に客足が減るなど2004年に経営破綻。2005年から星野リゾートが事業再生に乗り出した。25年ほど勤める乙部春夫・料理長は「入社した頃は1日に結婚式が10組以上、それぞれ200〜300人の団体客がやってきた。1日の宿泊客2000人という時代だった」と振り返る。

　本館と東館、西館で構成される現在の青森屋は客室数235。施設内に、レストランや居酒屋、露天風呂などがある。

　ここ数年、売り上げが右肩上がりを続ける青森屋は、2005年

さまざまな部門の担当者が出席し、イベントのアイデアを出し合う「魅力会議」

❶広報スタッフ
❷馬方スタッフ
　（馬の世話や馬車運行）
❸人事スタッフ
❹設備管理スタッフ
❺レストランスタッフ

の事業再生からコンセプト「のれそれ青森〜ひとものがたり」を貫いてきた。この場所ならではの魅力を表現し続けるイベントが、好調さを支えるキラーコンテンツだ。冬のイベントには、名物のせんべい汁やホタテ貝に着目したものや、「雪ん子」や「かっちゃ（お母さん）」といった地方ならではの懐かしさを体験できるものがある。馬車に乗って自然の景色を楽しめる「季節の馬車〜冬〜ストーブ馬車」は、青森屋の定番イベントになっている。

魅力を発信し続けられるワケ

2013年11月に3代目総支配人に就任した渡部賢・総支配人（取材当時）は「青森屋の役割は、地域ならではの魅力を通じて、旅の本質である非日常を感じてもらうこと。売り上げなどの数字は、実施するイベントなどの判断材料として見るが、あくまでも指標。数字よりも、どんな施設にしていくかを重視している」と語る。

宿泊客を魅了するこうしたイベントを実施しながら、常に新鮮さを維持し続けられる理由は、星野リゾート独特の「魅力会議」にある。毎週1回、2時間ずつ開催する魅力会議は、持ち場が異なるスタッフが集い、アイデアを出し合うミーティングだ。

人事スタッフ、広報スタッフ、レストランスタッフら15人が参加した「2018年春魅力第一回魅力会議」では、2018年の花見時期に行う「ヨッテマレ花見まつり」で行うイベントを議題にした。各テーブルに4〜5人が着き、テーブルの上の雑誌を手に話し合う。スタッフの1人は「この間訪れた場所では、青森の地ビ

付箋に書いてホワイトボードにまとめたのは、「2018年春魅力第一回魅力会議」で参加スタッフから出たアイデア。ぜいたくな花見、通称「ハナンピング」というアイデアで魅力会議は盛り上がった

渡部賢・総支配人

乙部春夫・料理長

ールを飲めた」などと話しながら、付箋にイベント案を書き出していく。この日は、グランピングならぬ「ハナンピング」という高級路線のアイデアで会議は盛り上がりを見せた。会議を毎週重ねることで、アイデアの取捨選択を行い、魅力あるイベントとして形にしていくのだ。

　このやり方は「宿が成長しやすい仕組み」だと渡部総支配人は言う。青森の魅力を探す魅力会議では、会議に参加するスタッフが、普段の青森での暮らしや外出先で経験したり、発見したりしたことをアイデアの源にできるため、アイデアが出しやすい。1年に1回、入社2年目以降のスタッフを対象に、参加したいスタッフを募るという仕組みもまた、魅力会議自体を新鮮に保つことにつながっている。

地下空間に広がる青森の魅力

　魅力会議によって新しいイベントを生み続け、「のれそれ青森〜ひとものがたり」というコンセプトを進化させてきた青森屋。地下に広がる空間では、青森を堪能できる催しが連日繰り広げられている。2006年、再建に当たってまずリニューアルオープンしたショーレストラン「みちのく祭りや」こそが、青森屋のコンセプトを具現化した空間だ。

　みちのく祭りやは「青森ねぷた」「弘前ねぷた」「五所川原立佞武多（ごしょがわらたちねぷた）」「八戸三社大祭」といった青森四大祭りを一挙に体験し、夕食を楽しめる場所だ。巨大な山車を眺め、四大祭りのお囃子や津軽三味線、民謡などを鑑賞。青森ね

2017年の冬に実施した「季節の馬車〜冬〜ストーブ馬車」も魅力会議から生まれたイベント。ストーブにあたりながら、アイスや炙りたてのスルメを食べ、雪景色のなかを散策できる。料金は大人1200円

「季節の馬車〜冬〜ストーブ馬車」。馬車内からの眺め

宿泊客の到着をスタッフが扮する雪ん子が出迎えてくれる

かっちゃ（お母さん）が1杯ずつ取り分けてくれる「せんべい汁雑炊」
※現在は提供終了

「ほたてパフェ」と「りんごパフェ」（2016年秋に実施）
※現在は提供終了

3分間釣り放題。釣ればその場で調理してもらえる「ほたて釣り」

「りんごジュースの出る蛇口」(2016年秋に実施)

露天風呂「浮湯」を灯篭が彩る冬限定の「ねぶり流し灯篭」

ポニーが荷物を運んでくれる「ポニーポーター」

ぶたの太鼓の音を聞き、宿泊者も花笠を手に跳人（はねと）として祭りの輪に入ることができる。2時間弱の祭りは、津軽弁で「さようなら」を意味するスタッフの「へばなぁ」の挨拶で閉幕する。躍動感と臨場感にあふれるショーが終わる頃には、食欲も気持ちも満たされている。

　「この場所は自然の豊かさも魅力だが、自然はほかの地域にもある。青森で最も知名度が高い青森ねぶたを魅力として、最初に取り入れた」（渡部総支配人）。

　ショーを盛り上げるお囃子などは、すべてスタッフによるものだというから驚きだ。青森屋では、ほかの星野リゾートグループの施設と同様に、スタッフがさまざまな業務に就く「マルチタスク」を導入している。

　地下にはこのほか、バイキングレストラン「のれそれ食堂」や、24時まで営業し、せんべい汁や地酒をふるまう「ヨッテマレ酒場」がある。ヨッテマレ酒場の店名は「寄ってまれ」「酔ってまれ」という2つの意味をかけたものだ。

　青森屋では、こうした飲食店のメニューを、季節食材や郷土料理を軸に年4回考案する。メニュー開発の中心は乙部料理長だが、ここでも魅力会議を活用している。魅力会議で出たアイデアからメニューを試作し、試食を行うことで、新たなメニューを作り出す。料理長だけでは思いつかないメニュー開発を実現できるのが、魅力会議ならではの良さだ。りんごやホタテ貝を使ったユニークなメニューや、地酒とつまみがセットになった花見時期の「花見酒セット」、のれそれ食堂で提供する「タコの道具鍋」など

「みちのく祭りや」で青森四大祭りを体験。浴衣姿の宿泊客も花笠を手に青森ねぶたに参加

スコップと栓抜きで奏でるスコップ三味線の「じゃわめぐショー」

色とりどりの浴衣を取り揃え、祭り気分を盛り上げる「浴衣処いろは」

も、魅力会議を経て生まれたメニューだ。

にぎわいと落ち着きのメリハリ

「一度来ると、やみつきになる人は多い」と渡部総支配人。約3年前の就任からこれまで、設備面で気を配っているのが静と動の空間を分けることだ。連日さまざまなイベントでにぎわう青森屋だが、フロントや客室、ラウンジは落ち着いた雰囲気だ。地下に青森らしさを詰め込み、それ以外は星野リゾートらしい、質を感じられる空間に仕上げている。

ロビーは2008年に、客室の最初のリニューアルは2011年に実施した。最近、ようやく全室の改修が終わり客室は2巡目のリニューアルに突入した。2017年4月7日には古民家レストラン「南部曲屋」が、リニューアルオープンする。古民家を移築し、照明に青森の工芸品「BUNACO」を使うなど落ち着いた雰囲気で、星野リゾートらしさと青森らしさを兼ね備える静の空間だ。これら施設面の刷新は、魅力会議とは別の軸で行う。

渡部総支配人は「青森には、祭りのような魅力もあれば、田舎の自然などの落ち着きも魅力。それらを1つの空間に混ぜるとゴチャゴチャした印象になる。動の空間と静の空間を明確に分け、それぞれを徹底的に作り込む」と語る。

他の地域にはない、唯一無二だからこそ人々が訪れる地方の宿。スタッフを活かす仕組みと明快なコンセプトが、青森屋の独自色を強め続ける。

客室やロビー、ラウンジは「静」の空間。「おぐらみ」は、55平方メートルのゆとりある客室。部屋奥の障子は、青森県産のりんごの搾りカスを使用した手すき和紙の「りんご輪紙障子」。掛け布団のシーツには刺子「南部菱刺し」をあしらうなどここにも青森文化を取り入れた

ロテルド比叡
京都を捨て、再発見した地域の魅力

　京都市と滋賀県大津市にまたがる比叡山の中腹にあるのが「星野リゾート ロテルド比叡（以下、ロテルド比叡）」だ。京都駅から無料送迎バスで約30分、ロテルド比叡から世界文化遺産の天台宗 比叡山延暦寺（以下、延暦寺）までは車で10分ほどの場所で、琵琶湖が眼下に広がる。そんな立地から「比叡山にたたずむ、湖のオーベルジュ」というコンセプトを掲げている。オーベルジュとは「宿泊施設を備えたレストラン」という意味。施設内では、地元・近江の発酵文化をテーマにしたアクティビティーを用意し、夕食は郷土料理の鮒鮓をはじめとする発酵食や滋賀の食材で作るフランス料理「発酵フレンチ」を提供している。

　ロテルド比叡は1999年、京都市とフランス・パリ市が姉妹都市となって40周年を迎えたのを記念して、京阪ホールディングス（当時は、京阪電気鉄道とホテル京阪）が、フランスをテーマに開業した。星野リゾートが運営業務を受け継いだのは、2015年4月1日。オーベルジュとしてのポテンシャルを最大限に引き出すことなどを目的に運営委託され、同年7月1日に「星野リゾート ロテルド比叡」としてリニューアルオープンした。客室数は29室。「星のや」や「界」のようなラグジュアリーなホテルや温泉旅館とはひと味違う、洗練されたミュージアムのような空間だ。

ロテルド比叡のガラス張りのレストラン。夕食時には、大津市内の夜景を眺めることができる

標高650メートルから比叡の森と琵琶湖を一望できる「山床カフェ」。もともとあったテラスを全面的に改築した。セルフサービスでお茶やお酒を飲むことができる

ロテルド比叡の外観。ミュージアムのようなシンプルでモダンな建物。京都駅から無料送迎バスで到着すると、入り口で大勢のスタッフが出迎える

入り口に面した窓には、比叡山や琵琶湖、京の都をイメージしたしつらえがある。洋風な空間に合わせて日本的なモチーフをスタイリッシュにデザインした

吹き抜けで開放的なラウンジ。奥にあるのがライブラリーで、滞在中はハーブティーや珈琲を自由に飲むことができる

　リニューアルを機にコンセプトを一新し、メインターゲットを30代から40代の女性に設定。今では狙いどおり平日は女性グループでの利用が多く、宿泊者数は「順調に伸びている」と唐澤武彦・総支配人は言う。好調の背景にあるのが「京都を捨てて、滋賀県と比叡山に特化する」という戦略だ。

競争力を高めるための犠牲

　ロテルド比叡は京都と滋賀の県境にあり、住所は京都市左京区となる。無料送迎バスも京都駅が発着地で、京都旅行の一環として延暦寺を参拝する人も多い。だが、ロテルド比叡は、ホテルの魅力を表現する上で「京都ブランド」をあえて活用していない。
　当初は「京都と滋賀の良いとこ取り」をして、どちらの地域の

ライブラリーには近江の食文化や歴史、比叡山や延暦寺に関する本などを約200冊そろえている

　魅力も活用できないか考えていたという。それを星野佳路・代表にプレゼンすると「全然面白くない」と一蹴されてしまったのだ。あらためてスタッフと共にコンセプトを練り直していたとき、星野リゾートがグループとしての新たな戦略を発表。その中で星野代表は「トレードオフが競争戦略の中では重要になる」と語っていたという。要するに、大きな犠牲を払って選んだものこそ、競争力のあるものになるという考えだ。「これをロテルド比叡に当てはめてみると、京都という観光資源を捨てて滋賀県や比叡山に特化することで、もしかしたら今までにない新たな魅力を生み出せるかもしれないと考えた」(唐澤総支配人)。

　それに対して、スタッフの一部からは、「京都を捨てて商売ができるわけがない」と反対する声もあったという。唐澤総支配人

239

スタンダードツインの客室。ほかにセミスイート、スイート、ペットルームがある。各部屋にはフランスの都市の名前が付く

は「競争戦略のロジックを一つひとつ説明しながら、スタッフの理解を得ていった。振り切った戦略によって、進むべき方向性が明確になった」。

比叡山にあるホテルだからできること

ロテルド比叡では、ほかの星野リゾートグループの施設と同様に、コンセプトに基づいたアクティビティーを多数用意している。その一つが「朝のお勤め」だ。延暦寺の総本堂、国宝・根本中堂で毎朝行われる勤行を体験できる。地元の人も参拝できない開堂前の早朝に執り行われる法会で、宿泊客の7～8割が参加するという。

2月から6月末までの期間限定の宿泊プラン「比叡山お精進滞

レストランは、琵琶湖をイメージしたブルーがテーマカラー。中央にある円形のライトも琵琶湖を抽象的に表現した

　在」も人気がある。食事は精進料理をアレンジした「精進フレンチ」を楽しみ、比叡山の修行「千日回峰行」が行われている無動寺で護摩行も体験できる。いずれのアクティビティーも、比叡山に滞在していることを実感できる内容だ。
　オーベルジュとして地元の食文化を体験することにも力を入れている。琵琶湖周辺は気温や湿度など、発酵に適した条件がそろっており、古くから発酵技術が受け継がれてきた。そこで「発酵」というテーマでアクティビティーやメニューの開発を行っている。「発酵フレンチ」と題した夕食は、郷土料理の発酵食、鮒鮓をはじめ、琵琶湖で取れる琵琶鱒など、滋賀の食材もふんだんに使用。ロテルド比叡でしか味わえない、まさしく新たな食の体験だ。

スペシャリテコースの鮒鮓を使った「〜フランスと近江の鮮烈な出会い〜 四年熟成した甘露漬け鮒鮓とフォワグラテリーヌ インカのめざめのパスタ仕立て」

　発酵をテーマにしたメニュー開発について岡亮佑・総料理長はこう話す。「発酵食をおいしいと感じられるように、バランスよく取り入れることが重要。鮒鮓は苦手な人や食べたことがない人も多いはず。独特の個性を押し出し過ぎず、だけど鮒鮓であることが分かるように素材の組み合わせなどを工夫している」。

　ほかにも発酵の度合いが異なるほうじ茶の利き茶体験や、ワインテイスティング講座、モッツァレラチーズの手作り体験なども行っている。また、2018年6月から8月末までは、酢と野菜を使った朝食「お酢ベジ朝食」もラインアップ。「もし京都を含めたコンセプトだったら、ここまで一貫して比叡山や発酵といったテーマに特化できなかったはず。ようやく最近、戦略が花開いてきた」と唐澤総支配人は言う。

スタンダードコースの鮒鮓を使った「〜フランスと近江の鮮烈な出会い〜 フロマージュブラン 貴腐ワインのジュレ 繊細な鮒鮓のアルモニー」

ロテルド比叡でもスタッフがさまざまな業務を行う「マルチタスク」を導入している。夕食は高度なフランス料理なので、総料理長をはじめ、専属のシェフが調理から盛り付けまで行う。朝食をはじめ、ウエルカムドリンクやお菓子の用意などは、すべてスタッフが担当

再発見した地域の魅力が発想の源に

　数々のアクティビティーは、星野リゾート独自のミーティング「魅力会議」によって生み出される。ホテルで働くスタッフ全員でアイデアを出し合うのが特徴だ。広報担当の石橋洋平サービスマネージャーは「魅力会議は星野リゾートで働く一番の面白さだと思う。トップダウンではなく、フラットかつ現場主義。自分が提案したことが、新たなプランや体験などホテルの商品となる可能性あり、やりがいを感じられる」と話す。

　ただ、星野リゾートが求める企画のレベルは高い。既存のスタッフは、これまで通常のホテル業務しかしたことがなく、「当初は現状のオペレーションで実現可能なことを考えがちで、発想豊かなアイデアはなかなか生まれてこなかった」（唐澤総支配人）。

　そこで、唐澤総支配人はスタッフの発想力を磨くために、地域の生産者とのリレーションに力を入れている。例えば、レストランで使っているフレッシュチーズや鮒鮓の仕入れ先にスタッフと一緒に出向き、見学したり話を聞かせてもらったりするのだ。地域との接点を増やしていくことで、牧場ではチーズ作り体験をしていたり、高島市という地域だけで作られている4年漬け込む「甘露漬け」という味わい深い鮒鮓があることを知ったりする。そうやって地道に集めた情報が企画の種になるのだという。実際、牧場でのチーズ作り体験はロテルド比叡のアクティビティーの一つとなり、甘露漬けの鮒鮓は夕食の食材として使用している。

　生産者や地域とのつながりを持ち、自分が暮らす地域の魅力を

「朝のお勤め」
朝6時にホテルを出発して、送迎バスで国宝・根本中堂へ

「朝のお勤め」
毎朝行われている勤行に参加できる。参加費は無料

「日吉大社　やくばらい参拝」
比叡山の門前町・坂本にある日吉大社で参拝の後、厄払いの特別祈祷へ

「日吉大社　やくばらい参拝」
ロテルド比叡で一括して申し込むため、料金1200円とリーズナブルだ

「里坊ティーサロン」
修行を終えた老僧が暮らす建物が「里坊」。坂本には里坊が多数残る

「里坊ティーサロン」
旧竹林院で日干番茶と近江ほうじ茶のスイーツを楽しむ。料金は1000円

再発見することには学びも多い。「そうした活動に面白みを感じられるようになると、仕事のモチベーションも高まり、アグレッシブな発想ができるようになる。リニューアルオープンして1年半ほどたった頃からスタッフからも活発な意見が出るようになり、魅力会議の精度が高まってきた」（唐澤総支配人）。

ハードの不足はソフトでカバー

ホテルの設備は、段階的に改修を行っている。ロビーやレストランの一部はオープン前に、客室のじゅうたんや壁紙などは2016年にリニューアルした。比叡の森と琵琶湖を眺めることができるテラス「山床カフェ」は2017年4月にオープンし、2019年には客室の水回りを一新する計画もあるという。

既存施設の運営を受託し、星野リゾートとして進化させていく上で重要なのは、一流のサービスと独自のアクティビティーでもてなすことだという。建物などのハードが新しい状態でのスタートではないからこそ、ネガティブに感じられる部分はソフトで補う。そのためにも、スタッフのサービススキルの向上が重要になる。「星野リゾートのサービスは、お客様に知ってほしいと思うことを積極的にお伝えする提案型。言われたことを合理的にこなすサービスとは違う」（唐澤総支配人）。今後はオーベルジュとして夕食のフレンチは一流を目指しつつ、それ以外のサービスについてはカジュアルだが豊かさの本質を追求する「ライフスタイル」をキーワードに、クオリティーをさらに高めていく。

ロテルド比叡の唐澤武彦・総支配人

岡亮佑・総料理長（左）、広報担当の石橋洋平サービスマネージャー（右）

252

6章

総支配人座談会

日本らしさを磨き
星野リゾートの眼は
日本から世界へ

総支配人座談会

「好きなものを伝えたい」が原動力

星野リゾートのおもてなしを支える
現場スタッフのモチベーションの高さは、どこから来るのだろうか。
オペレーション統括の渡部賢・本部長と3人の総支配人に話を聞いた。

——総支配人である皆さんは、星野リゾートのおもてなしをどのように考えていますか？

渡部：私は、お客様に良いサービスを提供したり、売り上げを立てたりしたいというよりも、もちろんそれも大事ですが、「一人でも多くのお客様に、自分たちが働いている地域の良さを伝えたい」という思いで仕事をしています。ポジティブな思いを原動力にしているので、いきいきと働くことができるし、それを見たスタッフたちにも、「総支配人が楽しそうだから、自分もやってみようかな」と思ってもらえるんじゃないでしょうか。

　逆に、総支配人が売り上げにこだわり始めると、スタッフや地域の人たちにも、その苦しさが伝わってしまいます。数字というのは恐ろしいもので、

自腹を切って親族や友人を呼ぶなんていうことまでしたりする。表情や行動にも暗い気持ちが表れて、全員がどんよりしてしまうでしょう。ですから私の原点は、売り上げを立てたりすることではなく、「自分が好きなものを伝えたい」という思いなんです。

地元の人々との出会いから学ぶ

唐澤：「自分が好きなものを伝えたい」というのは私も同じですね。ただ、私の場合は、仕事とプライベートの境界がさらに曖昧なんです。例えば、滋賀県には鮒鮓という郷土料理があります。「ロテルド比叡」に配属された後、プライベートな食事でこの料理と出合い、一目惚れして、ホテルのレストランのメニューにも加えました。こういった新しい出合いは、自分にとってと

羽毛田 実
星のや竹富島 総支配人

唐澤武彦
星野リゾート ロテルド比叡 総支配人

石井麻美
星野リゾート 界 日光 総支配人

渡部 賢
星野リゾート オペレーション統括本部長

ても楽しいこと。新しい地域に配属されるたびに、その土地での出合いを大切にしています。

石井：地域の人たちとの出会いから、初めて知ることもたくさんあります。

　例えば、奥日光の中禅寺湖畔にある千手ヶ浜は、「九輪草（クリンソウ）」という花の群生地として有名です。ところが、そのクリンソウがシカに食べられてしまうということで、有志による保護活動が行われています。「界 日光」のスタッフもその保護活動に参加しているのですが、地域の知られざる植物や自然の魅力をもっと多くの方に知ってもらいたいと考え、クリンソウを見学できる特別プランを作りました。自分たちの体験を、自らの言葉で伝えたい。そんな思いをアクティビティーにも組み込んでいます。

羽毛田：前提として、お客様をおもてなしするためには、スタッフそれぞれが優れた接客スキルや語学スキルを身につけている必要があるでしょう。さらにプラスαで何かを付け加えたいと考えた場合、スタッフそれぞれの地域との関わり方が非常に重要になってき

ます。スタッフ本来のスキルと、地域に関する知識や経験が重なることで、より深いおもてなしができる。地域での交流と、そこで得たものの生かし方が大切です。

——地域や地域住民との関わり合いを大切にされているんですね。

唐澤：星野リゾートには、ビジネススキルなどを教える「麓村塾（ろくそんじゅく）」という社内スクールがあるのですが、同スクールの講師を地域の専門家にお願いすることもあります。郷土料理や地酒をテーマにした講座は特に人気で、スタッフの参加率もかなり高い。通常業務に入るスタッフが足りなくなってしまい、人数制限を設けたこともありました。それぐらい、各地域の「良さ」に対するスタッフの関心が高いんです。

渡部：出身地と勤務地が違うからこそ、その地域の良さに気づけるという側面もありますね。地域の良さを伝えるためには、自分もその地域について詳しくなければいけません。その地域に新規に配属されたスタッフは、その

渡部 賢
星野リゾート オペーレーション統括本部長

わたなべ・さとし●大学卒業後、和菓子業界、自動車業界を経て2006年に星野リゾートへ入社。軽井沢でブライダルマーケティング、福島県にてスキー場運営も含めたリゾートマーケティング担当を経験し、2014年より青森屋総支配人に就任。2011年の東日本大震災発生時に福島担当をしており、観光産業としてどのように復興貢献していくかを仕事の軸とし、地域と共に成長していく施設作りを目指した。2017年12月、現職。星野リゾート全施設のオペレーション部分を見守る。

地域の出身スタッフや、地元の人たちとの交流を通して、その土地のことを深掘りしていきます。

羽毛田：私たち「星のや竹富島」のスタッフも、「島の良さや魅力は、島の住人に聞くのが一番」と考えていて、島の行事や取り組みには積極的に参加しています。島の住人との密接な関係があるからこそ、島の持つ新たな魅力を発信できるんです。

——星野リゾートでは、積極的に「魅力会議」を行っているそうですね。普通の会社では、「提案してくれ」と言ってもなかなか案が出ないものですが、魅力会議ではさまざまな案が飛び交っていると聞きます。

渡部：そのための環境が整っている、という側面もあります。例えば、普通の会社の採用面接では人事担当者が採否を決めますが、星野リゾートの採用面接では総支配人自らが新入社員を面接して採用を決めます。そのため、自分たちと同じ思いを持った人たちが採用されやすいんです。

　面接をしていると、自分たちが思っ

ている以上に、地域と関わる仕事をしたいと考える若者が多いことに気づきます。インターネットが普及し、グローバル化が進行すればするほど、地域に根づきたいという思いが強くなるようなんです。

　また、もう一つのポイントとして、会議への参加が強制ではないということが挙げられるでしょう。魅力をつくりたいと考えているスタッフが自ら手を挙げて参加するので、普通の会議よりも発言しやすいんだと思います。

アイデアを否定しない

羽毛田：ただ、いきなり「その地域の魅力を言いなさい」と言われたところで、すぐに答えを出すのは難しいでしょう。そこで、魅力会議の前には、各スタッフに「魅力のつくり方」という簡単な資料を配布し、どのお客様に何を提案したいのか、どうやってそれをプランとしてまとめるのかなど、アイデアを実現するためのポイントを解説しています。また、マーケティングに関する基礎知識も事前に共有しています。

渡部：魅力会議の現場で、私たちが重

石井麻美
星野リゾート 界 日光 総支配人

いしい・まみ●2012年、TVディレクターから転職し、星野リゾート入社。リゾナーレ八ヶ岳でフロント、レストラン、客室清掃などマルチタスクを経験し、社内立候補制度にてリテールユニットディレクターへ。八ヶ岳周辺のワイナリーや農家、アーティストとイベントを企画運営し宿泊外来事業を担当。2016年12月、界 日光総支配人に着任。界ブランドにて温泉旅館の魅力発信を行い現在に至る。

総支配人座談会

視していることは2つ。1つは、相手のアイデアを絶対に否定しないこと。次に、アイデアの幅を狭めないよう、最初はコスト面を無視して、自由に発想してもらうこと。もちろん、そうやって生み出された案の中には、莫大なコストが掛かるようなものも多くあります。しかし、1案だけならばとうてい実現不可能な案も、別の案と掛け合わせることで実現可能になったりするんです。

羽毛田：間違ったことを言ったとしても否定されるわけではないし、周囲のスタッフもアイデアを大切にしてくれる。そこで新しい案が生まれる。そんな雰囲気を大切にしながら、スタッフが自由に発言できる組織文化をつくってきました。

──そういう積極的な空気を作るためのコツはあるんですか？

唐澤：コツとしては、もともとその地域で働いていたスタッフの知識を生かすことでしょう。地域のことには詳しいけれども、それを仕事に生かす機会がなかったという人は多いんです。そ

ういったスタッフたちにとっては、自分の知識を生かせる場所が急に生まれてきたわけで、そのことに対して快感や充実感が芽生え始める。その瞬間をうまく捉えて、どんどん意見を出してもらうんです。

また、別の地域から来た若いスタッフが、現地のスタッフにその地域について質問することもある。すると、現地のスタッフも、今までは当たり前だと思っていたけれども、他の地域から来た人にとっては面白いことがあるのだと分かる。既存の知識に対してさまざまな角度からアプローチすることで、面白いものが生まれる。

2つの視点で魅力を発見

渡部：県外のスタッフには俯瞰する力があるので、その地域の良いところによく気づけるんです。そして県内のスタッフは、そこで発見された地域の良さを、より深掘りすることができる。気づきと深みを重ね合わせることで、さらに強い魅力を引き出せるというわけです。それが、フラットといわれる組織の最大の強み。

唐澤武彦
星野リゾート ロテルド比叡 総支配人

からさわ・たけひこ●1975年長野県生まれ。1999年星野リゾートへ入社。軽井沢のブライダル事業で2004年より営業やレストランなど4つのユニットディレクター職を経験。2009年より、軽井沢の別荘顧客のコミュニティーである星野エリア総支配人、2011年より熱海の温泉旅館である界 熱海総支配人を経て、2014年より現在のロテルド比叡総支配人に着任。3つの開業を経験して今に至る。

例えば、外資系の企業などで、本国の社員が来て、「我々のやり方はこうだ」なんて言ってしまうと、そこになんとなく上下関係ができてしまうじゃないですか。私たちの場合は、気づく役割と深みをつくる役割と、それぞれの得意分野を分担しているだけで、上下関係ではなく共に働くという感覚がある。地域の人たちとも同様の感覚で付き合えるので、それがスタッフの誇りになり、モチベーションにつながる。それを見た地域の人たちが「じゃあ、一緒にやろうか」と思ってくれると、正のスパイラルが生まれる。

唐澤：もちろん、県内のスタッフや地域の人たちも、地元の良さには気づいているんです。ただ、あまりにも日常に溶け込み過ぎているせいで、発信するのが難しいんじゃないでしょうか。それを、県外のスタッフと一丸となってやり遂げたとき、お互いに快感が生まれるんです。

例えば、ロテルド比叡では、県内外のスタッフが地域の生産者と協力し、発酵したお茶や日本酒をつくっています。「地域のお茶屋さんとつくったオリジナルのお茶が、お客様に認められた」。そんな結果が出たときが、スタッフにとって一番楽しく、充実した瞬間です。地域の生産者・スタッフ・お客様の三者が、それぞれ良い形でつながっている。

石井：界 日光にも、似たような事例があります。日光市では、お正月にようかんを食べる風習があるんです。地元のスタッフから「お正月、お客様にようかんを提供しよう」という提案がありました。それを聞いた県外のスタッフが「それをもっと面白くしたい」と言い出して、皆で考えた案が「ようかんフォンデュ」。チョコレートフォンデュのように、溶かしたようかんにイチゴやマシュマロをからめて食べるメニューです。

このスイーツを実現するために、まずは地元の製餡所を訪れて「ようかんを使って、チョコレートフォンデュのようなスイーツを作りたい」と相談しました。製餡所の方も、ホテルの調理スタッフも「大丈夫だろうか」なんて困惑していましたが、実際に食べてみるとおいしいし、面白い。これを提供

羽毛田 実
星のや竹富島 総支配人

はけた・みのる●大学卒業後、日系ホテル、飲食店運営を経て、2005年星野リゾートへ入社。星のや軽井沢の開業やリゾナーレ八ヶ岳のユニットディレクター職を経て、2011年リゾナーレ小浜島の総支配人として着任。女性をターゲットした「真南風ロマンティック」というコンセプトで、小浜島でロマンティックな体験をするプログラムを打ち出し、5年間で年間平均稼働率を約40％改善。2016年から星のや竹富島総支配人を務め、離島が持つ独特な文化や自然の豊かさをお客様に感じていただくため、島民との交流を大切にし、島のことを学んでいる。

総支配人座談会

して、お客様からどういった反応があるかはまだ分かりませんが、やってみたいと思っています。

――総支配人同士の情報交換やノウハウの共有はどのようにしていますか。

渡部：月に１度、各施設に配属された総支配人たちが集合する「総支配人会議」がありますが、その前後に、誰から言われるわけでもなく集まるんです。仕事をしていると、日々、新しい疑問や悩みが生まれますが、仕事の疑問や改善案を持ち寄りながら、「私たちはこうなっていくべきだよね」などと話し合っています。

唐澤：普段、普通に働いているだけで、「どこどこの施設ではこういったやり方をしていて、それがうまくいっているらしいよ」なんてことが、もれ伝わってくるんです。総支配人の集まりでは、そこで耳にした話を根掘り葉掘り聞いてみたりします。また、「自分たちの施設ではこういう風にやっているけど、あなたはどう思う？」なんて、自分たちの行いについて、相手の意見を求めてみたりもします。

石井：料理に力を入れているとか、組織マネジメントに長けているとか、各々の総支配人に得意不得意があるので。ライバル同士というよりも、仲間という感覚です。

渡部：社内における短期留学制度のようなこともしています。スタッフを２カ月間ほど別の現場に派遣し、「次の１歩を踏み出すための気づきの場にしよう」という制度です。

「星野リゾート 青森屋」から、ロテルド比叡に短期留学したスタッフもいましたね。それぞれ対極の施設だからこそ、スタッフも成長できました。短期留学したスタッフがものすごくいきいきしていたので、帰って来なかったらどうしようと不安になったりもしましたが（笑）。

唐澤：２カ月間という期限を設けているからこそ、スタッフが学び、吸収するスピードも速いのかもしれません。また、短期留学生を受け入れた施設は、留学生を通じて自分たちのチームにはないノウハウを導入できます。スタッフはもちろん、お互いの組織にとっての成長のチャンスにもなる。

中禅寺湖畔に群生する九輪草(クリンソウ)。花が、寺院の屋根の塔「相輪」の一部である九輪に似ていることからこの名が付いた。6月からが見ごろ

クリンソウをシカの食害から守るため、界 日光のスタッフたちは中禅寺湖周辺の旅館組合、自然博物館と協力して保護ネットを張る活動に参加している

渡部：会社の企業体質が「偉くなりたい」ではなく、「成長したい」なんですね。総支配人という役職も、自分が成長していく中での役割に過ぎない。例えば、どんなに「良いものを伝えたい」と思ったところで、自分に伝える力がなければ、それを広める術がない。自分の目的を実現するため、自分自身も常に成長していく必要があります。

——星野リゾートが今後さらに成長するための課題があるとすれば、どんなことだと思いますか？

渡部：やはり「視野」だと思います。星野リゾートは今、世界と戦うというフェーズに入っていますが、その際、ベテランであればベテランであるほど、自身のマインドを変えていかなければいけません。星野リゾートの企業体質はまだ世界まで視野が広がっていない。そのための視点の変え方が課題なのかなと感じています。

世界を見据えた視野を持つ

唐澤：星野リゾートの若いスタッフは、既に世界を見据えて入社してきま

す。むしろ私のように長く勤めている人間にとって、ハードルが年々高まっているとも感じています。彼らの期待に応えるためには、視野を広く持つことに加えて、高レベルなビジネススキルを有している必要があるでしょう。

例えば、ようかんフォンデュのように、今までにないものをつくろうと考えたとき、発想力はもちろん、それを形にするためのスキルも必要になりますよね。より高いレベルのものを追い求めようとした場合、一人ひとりのスキルの高さが非常に重要になってきます。私も含めたスタッフ全員、どうやって自身のスキルを高めていくかということが一番の課題です。

石井：私は、世界に対してもっともっと伝えたいことがあります。そして、その伝え方にもさまざまな可能性があると思っています。界 日光は温泉旅館ですが、たまたま"器"が温泉旅館という形を取っているだけで、その形にとらわれる必要はないと思うんです。界 日光という器を通して、どういった形の発信ができるのかなと、そういったことを考え続けていきたいです。

星野リゾートの総支配人3人と、そのまとめ役ともいえるオペレーション統括本部長。日本から世界を視野に入れ、さらなる成長を目指す（＊以外の写真：陶山勉）

270

お断り

本書は「日経デザイン」および「日経トレンディ」の過去の記事に加筆・修正し、再編集したコンテンツを含んでいます。
元になった記事は下記のとおりです。

はじめに／2〜7ページ
第2章／70〜85ページ、102〜131ページ
第3章／136〜149ページ
第4章／194〜213ページ
第5章／218〜231ページ
──「日経デザイン」2017年4月号特集「星野リゾートのおもてなしデザイン」

第1章／14〜57ページ、62〜65ページ
──「日経デザイン」2018年5月号特集「企業研究：星野リゾート──第4のブランド開発の裏側」、「日経トレンディ」2018年5月号特集「都市観光ホテルを"創造"『星野流』の狙いと勝算」

本書に登場する社名、肩書き、数字などについては、取材当時のものをそのまま使用している場合があります。

271

星野リゾートのおもてなしデザイン

2018年6月25日　第1版第1刷発行

発行者	杉山俊幸
編集	日経デザイン
編集スタッフ	花澤裕二
編集協力	近藤彩音　笹田克彦　西山 薫　原 武雄　廣川淳哉　吉井妙子
	日経トレンディ
ブックデザイン	小口翔平（tobufune）
デザイン制作	エステム
発行	日経BP社
発売	日経BPマーケティング
	〒105-8308 東京都港区虎ノ門4-3-12
印刷・製本	図書印刷株式会社

©Nikkei Business Publications,Inc. 2018
ISBN 978-4-8222-5905-1　Printed in Japan
本書の無断複写・複製（コピー等）は著作権法上の例外を除き、
禁じられています。購入者以外の第三者による電子データ化
及び電子書籍化は、私的使用を含め一切認められておりません。
本書籍に関するお問い合わせ、ご連絡は下記にて承ります。
http://nkbp.jp/booksQA